O PROFESSOR JOGADOR
GAMIFICAÇÃO NA SALA DE AULA

Editora Appris Ltda.
1.ª Edição - Copyright© 2024 do autor
Direitos de Edição Reservados à Editora Appris Ltda.

Nenhuma parte desta obra poderá ser utilizada indevidamente, sem estar de acordo com a Lei nº 9.610/98. Se incorreções forem encontradas, serão de exclusiva responsabilidade de seus organizadores. Foi realizado o Depósito Legal na Fundação Biblioteca Nacional, de acordo com as Leis nos 10.994, de 14/12/2004, e 12.192, de 14/01/2010.

Catalogação na Fonte
Elaborado por: Josefina A. S. Guedes
Bibliotecária CRB 9/870

A162p
2024

Abreu, Jáder Anderson Oliveira de
    O professor jogador: gamificação na sala de aula / Jáder Anderson Oliveira de Abreu. – 1. ed. – Curitiba: Appris, 2024.
    129 p. ; 23 cm. – (Educação, tecnologias e transdisciplinaridade).

    Inclui referências.
    ISBN 978-65-250-5656-2

    1. Tecnologia educacional. 2. Inovações educacionais. 3. Jogos educativos. 4. Avaliação educacional. I. Título. II. Série.

                                                                CDD – 371.334

Livro de acordo com a normalização técnica da ABNT

Editora e Livraria Appris Ltda.
Av. Manoel Ribas, 2265 – Mercês
Curitiba/PR – CEP: 80810-002
Tel. (41) 3156 - 4731
www.editoraappris.com.br

Printed in Brazil
Impresso no Brasil

Jáder Anderson Oliveira de Abreu

O PROFESSOR JOGADOR
GAMIFICAÇÃO NA SALA DE AULA

FICHA TÉCNICA

EDITORIAL	Augusto Coelho
	Sara C. de Andrade Coelho
COMITÊ EDITORIAL	Marli Caetano
	Andréa Barbosa Gouveia - UFPR
	Edmeire C. Pereira - UFPR
	Iraneide da Silva - UFC
	Jacques de Lima Ferreira - UP
SUPERVISOR DA PRODUÇÃO	Renata Cristina Lopes Miccelli
ASSESSORIA EDITORIAL	Jibril Keddeh
REVISÃO	Katine Walmrath
PRODUÇÃO EDITORIAL	Daniela Nazário
DIAGRAMAÇÃO	Andrezza Libel
CAPA	Julie Lopes
REVISÃO DE PROVA	William Rodrigues

COMITÊ CIENTÍFICO DA COLEÇÃO EDUCAÇÃO, TECNOLOGIAS E TRANSDISCIPLINARIDADE

DIREÇÃO CIENTÍFICA: Dr.ª Marilda A. Behrens (PUCPR) — Dr.ª Patrícia L. Torres (PUCPR)

CONSULTORES:

- Dr.ª Ademilde Silveira Sartori (Udesc)
- Dr. Ángel H. Facundo (Univ. Externado de Colômbia)
- Dr.ª Ariana Maria de Almeida Matos Cosme (Universidade do Porto/Portugal)
- Dr. Artieres Estevão Romeiro (Universidade Técnica Particular de Loja-Equador)
- Dr. Bento Duarte da Silva (Universidade do Minho/Portugal)
- Dr. Claudio Rama (Univ. de la Empresa-Uruguai)
- Dr.ª Cristiane de Oliveira Busato Smith (Arizona State University/EUA)
- Dr.ª Dulce Márcia Cruz (Ufsc)
- Dr.ª Edméa Santos (Uerj)
- Dr.ª Eliane Schlemmer (Unisinos)
- Dr.ª Ercilia Maria Angeli Teixeira de Paula (UEM)
- Dr.ª Evelise Maria Labatut Portilho (PUCPR)
- Dr.ª Evelyn de Almeida Orlando (PUCPR)
- Dr. Francisco Antonio Pereira Fialho (Ufsc)
- Dr.ª Fabiane Oliveira (PUCPR)
- Dr.ª Iara Cordeiro de Melo Franco (PUC Minas)
- Dr. João Augusto Mattar Neto (PUC-SP)
- Dr. José Manuel Moran Costas (Universidade Anhembi Morumbi)
- Dr.ª Lúcia Amante (Univ. Aberta-Portugal)
- Dr.ª Lucia Maria Martins Giraffa (PUCRS)
- Dr. Marco Antonio da Silva (Uerj)
- Dr.ª Maria Altina da Silva Ramos (Universidade do Minho-Portugal)
- Dr.ª Maria Joana Mader Joaquim (HC-UFPR)
- Dr. Reginaldo Rodrigues da Costa (PUCPR)
- Dr. Ricardo Antunes de Sá (UFPR)
- Dr.ª Romilda Teodora Ens (PUCPR)
- Dr. Rui Trindade (Univ. do Porto-Portugal)
- Dr.ª Sonia Ana Charchut Leszczynski (UTFPR)
- Dr.ª Vani Moreira Kenski (USP)

Dedico este livro a todos os professores que amam fazer educação.

AGRADECIMENTOS

Agradeço a todos os familiares e amigos que fazem parte desta história. Obrigado pelo apoio, incentivo e acolhimento. Agradeço em especial ao meu pai, Jânio Jorge Vieira de Abreu, e à minha mãe, Antonia da Cruz Oliveira de Abreu, por fortalecerem minhas bases e serem o grande exemplo de estudo, superação e dignidade que eu sigo. Agradeço ainda a Geber Lisboa Ramalho pela confiança e orientação.

O jogo não pode ser visto apenas como divertimento ou brincadeira para desgastar energia, pois ele favorece o desenvolvimento físico, cognitivo, afetivo e moral.

(Piaget)

PREFÁCIO

Estou duplamente feliz ao escrever o prefácio deste livro. Primeiro, porque ele trata de educação, tema que sempre foi essencial na sociedade, mas se tornou ainda mais crítico diante da revolução da tecnologia digital que, como toda revolução, cria e desfaz empregos. Sem formação, aquele que perdeu seu emprego não pode assumir as novas oportunidades. Isso requer educação de qualidade em alta escala. Requer repensar os métodos de aprendizagem, o papel do professor, o papel da escola, entre outros desafios. Estou igualmente feliz por ter tido a chance de conhecer e conviver com Jader ao longo do seu mestrado, que orientei, quando ele demostrou grande entusiasmo e capacidade de trabalho no tema. Estou muito orgulhoso pelo trabalho virar livro.

Diante desse cenário, a gamificação (que em um português mais rigoroso deveria ter sido traduzida como "ludificação", mas a literatura resolveu adotar "gamificação" mesmo) surge como uma alternativa inovadora e promissora para melhorar a qualidade da educação e tornar o processo de ensino-aprendizagem mais eficiente e atraente.

A gamificação é a aplicação de elementos de jogos em contextos que não são jogos, como uma sala de aula, para melhorar o engajamento e a motivação dos alunos; como uma empresa, para melhorar o desempenho de seus colaboradores e/ou promover o trabalho em equipe; no contexto da saúde, para incentivar as pessoas a se exercitarem e manterem uma dieta saudável; no marketing, para aumentar a fidelização dos clientes; em iniciativas cívicas e sociais, para incentivar a participação da comunidade em projetos, atividades voluntárias e ações de impacto social; entre outros.

Existem diversos elementos de jogos que podem ser utilizados em atividades educacionais, como regras, *feedback*, pontos, habilidades, probabilidade, desafio, narrativa, estética e tecnologia. Esses elementos podem ser combinados de diferentes formas para criar atividades gamificadas que incentivem a participação e o aprendizado dos alunos. Além disso, estudos apontam que a utilização de elementos de jogos em atividades educacionais pode contribuir para o desenvolvimento cognitivo, afetivo e moral dos alunos.

Este livro tem como objetivo investigar o potencial da gamificação como estratégia pedagógica para melhorar a avaliação escolar e o engajamento dos alunos. Ele parte do diagnóstico de que os professores quase não fazem avaliação formativa e cumulativa. Boa parte da avaliação é feita em formato de prova raramente desenhada para ser também um momento de aprendizagem e com nenhuma tolerância ao erro. Isso traz várias consequências, como na formação para inovação: como esperar que o país forme pessoas com mentalidade inovadora e criativa se elas desde pequenas são punidas quando erram? Outra consequência é que a nota da prova é o único "incentivo" do estudante, pois as "notas" podem pesar no seu currículo e no seu futuro profissional.

Paradoxalmente, isso também pode complicar a vida do professor porque, tomando uma terminologia da área de jogos, é muito difícil "balancear" uma prova. Um jogo está bem balanceado quando ele não é fácil demais, tornando-se entediante por falta de desafio, nem difícil demais, tornando-se frustrante por excesso de dificuldade. Na sala de aula isso pode ser traduzido em não fazer uma prova fácil demais de forma a incentivar os alunos a não estudarem e/ou deixar os melhores alunos entediados, ou uma prova difícil demais que vai desmoralizar vários alunos e não recompensar algum esforço de estudo empreendido por eles.

Este livro relata uma pesquisa focada em entender em que medida a introdução de gamificação poderia contribuir como forma adicional de avaliação formativa e de motivação aos estudos para escapar da atual maneira quase única de avaliação: a prova. Para isso, foram realizadas pesquisas bibliográficas e estudos de caso em escolas públicas e privadas, com o intuito de identificar as principais vantagens e desafios da gamificação na educação.

Os resultados obtidos indicam que a gamificação pode contribuir significativamente para a melhoria da avaliação escolar e do engajamento dos alunos, desde que seja aplicada de forma adequada e planejada. Os elementos de jogos, como regras, *feedback*, pontos e desafios, podem ser utilizados de forma criativa e inovadora para criar atividades gamificadas que incentivem a participação e o aprendizado dos alunos.

Espero que este livro possa contribuir para o debate sobre a gamificação na educação e para o desenvolvimento de estratégias pedagógicas mais eficientes e atraentes para os alunos. No entanto, deixo como alerta que a gamificação e outras várias ferramentas, que vão da adoção de tablets até o uso do chat GPT, pressupõem um mudança de atitude e de métodos pedagógicos por parte do professor. No mundo em que vivemos, em que o conhecimento está disponível de diversas formas e em diversas plataformas físicas e digitais, mudanças são requeridas. Para começar, o papel do professor não é mais ser o "dono" do conhecimento que vai ser "passado" para o aluno. Os métodos também não são mais os mesmos, e a literatura aponta abundantes novas formas de aprendizado incluindo os chamados métodos ativos como *Problem-Based Learning*, *Project-Based Learning*, *Flipped Classroom* etc. E, enfim, os objetivos pedagógicos deveriam ser mais abrangentes incluindo além das competências técnicas (*hard skills*) as não técnicas (*soft skills*).

Boa leitura!

Prof. Dr. Geber Ramalho
Centro de Informática da Universidade Federal de Pernambuco (UFPE)

APRESENTAÇÃO

Em 2012 eu era um profissional de TI que não sonhava em ser professor, mas a vida tem caminhos longos para transformações verdadeiras, e depois de um curso de oratória eu achei que ministrar aulas de informática básica nos fins de semana me ajudaria a falar melhor em público. Bastou uma aula para me apaixonar pela tarefa de professor, e sentir a maravilhosa sensação que é ensinar. Nesse mesmo ano, tinha acabado de criar minha primeira startup de jogos e um dos meus sócios me apresentou a Gamificação.

A gamificação é a técnica de utilizar elementos de jogos, como pontos, títulos, lista de líderes e outros, em ambientes que não são jogos, geralmente com o intuito de aumentar o engajamento em alguma atividade. Muitos autores têm demonstrado o sucesso na utilização de gamificação em vários setores como marketing, ambiente de trabalho, educação e outros. Na educação, em particular, a gamificação é utilizada principalmente com o objetivo de aumentar o engajamento e motivar os estudantes no estudo do conteúdo apresentado.

Nesse momento eu também estava pensando em fazer mestrado, e conhecer essa teoria foi perfeito. Escrevi uma proposta, mas não para gamificar salas de aula. Eu escrevi uma proposta para gamificar processos de desenvolvimento de software. Infelizmente eu acabei descobrindo que a escola não é o único espaço resistente a novos processos, e não encontrei espaço para implementar a gamificação nas empresas. Mas durante o mestrado eu continuei ministrando aulas esporadicamente, até que me tornei professor do Instituto Federal de Educação, Ciência e Tecnologia do Piauí (IFPI). No IFPI eu descobri o maravilhoso mundo da sala de aula para jovens e adultos, bem como seus problemas.

Foi aí que vi que existia uma grande necessidade de melhorar os processos de avaliação de aprendizagem. Comecei com minha própria experiência, testando gamificação em minhas aulas, discutindo e melhorando o processo em cada turma. Até que percebi que era isso que eu queria fazer na minha pesquisa de mestrado.

No contexto educacional há uma grande discussão acerca dos instrumentos de avaliação de aprendizado do estudante pelo professor, principalmente em relação aos instrumentos mais tradicionais classificatórios como a prova. A prova é considerada o principal instrumento de avaliação de aprendizado dos estudantes pelo professor, mas não deve ser o único, por isso existem diversos instrumentos complementares que são utilizados pelos professores com o objetivo de melhor avaliar as diversas competências dos estudantes.

Equilibrar a avaliação do aprendizado do estudante em relação às suas competências e ao conteúdo ministrado é um problema enfrentado pelos professores. Esse problema é semelhante ao balanceamento de dificuldade que os desenvolvedores de jogos buscam ao utilizar alguns elementos no desenvolvimento de jogos. Portanto, identifiquei o problema de balanceamento da avaliação do estudante pelo professor.

Esta obra aprofunda a pesquisa de gamificação no âmbito educacional em um aspecto ainda não explorado anteriormente, analisando o impacto da gamificação na avaliação dos estudantes pelo professor. A aplicação de gamificação no contexto educacional pode enriquecer o processo de avaliação complementar e favorecer o melhor balanceamento da avaliação do estudante pelo professor.

Neste livro apresento uma experiência prática de aplicação de gamificação em sala de aula por meio de um protótipo de papel chamado de Ludus. Para o desenvolvimento dessa experiência foi utilizado o método pesquisa-ação, sendo aplicada gamificação em turmas do ensino médio integrado ao técnico e do PARFOR do Instituto Federal de Educação, Ciência e Tecnologia do Piauí (IFPI) nos campus Picos e Teresina Zona Sul. Os Ludus conseguiram engajar os estudantes no processo de ensino-aprendizagem.

Com isso concluí que os estudantes desenvolveram mais autonomia e que a gamificação favoreceu as atividades complementares, permitindo ao professor utilizá-las para a avaliação pela abordagem dinâmica de avaliação. A gamificação foi usada na avaliação do estudante pelo professor e favoreceu a avaliação qualitativa. Aqui você verá como um professor pode ter impacto positivo no processo de avaliação de aprendizagem se aplicar gamificação alinhada com os objetivos da disciplina. Observei também que o sucesso da gamificação em sala de aula está atrelado principalmente à forma pela qual o professor conduz o processo.

Comecei a escrever este livro durante a pandemia e acompanhei todo o processo de fechamento das escolas, aulas on-line e reabertura das escolas. Esse processo impactou muito a escrita, pois demonstrou toda a capacidade de adaptação que os professores têm, demonstrou que a educação não funciona sem professor, que a sala de aula é um espaço único para o qual durante a pandemia alunos e professores não viam a hora de voltar. Percebi também que a sala de aula é um espaço único por conta do amor que conecta estudante e professor. O amor pelo ensinar e o amor pelo aprender.

LISTA DE SIGLAS E ACRÔNIMOS

Parfor   Plano Nacional de Formação de Professores da Educação Básica
IFPI   Instituto Federal de Educação, Ciência e Tecnologia do Piauí
Pronatec   Programa Nacional de Acesso ao Ensino Técnico e Emprego
Sisu   Sistema de Seleção Unificada
EJA   Educação de Jovens e Adultos
UFPE   Universidade Federal de Pernambuco
LDB   Lei de Diretrizes e Bases para a Educação

SUMÁRIO

1
DESAFIOS DA EDUCAÇÃO 25
1.1 Amor é a motivação para inovar na educação 25
1.2 Dificuldades para o professor inovar na avaliação 26
1.3 Pesquisa sobre avaliação de professores 27
1.4 Atividades complementares de avaliação 29
1.5 Relação entre balancear avaliação e balancear jogos 29
1.6 Gamificação como inovação 30
1.7 Estrutura do livro 32

2
APROFUNDANDO NOS PROBLEMAS 33
2.1 A necessidade de inovar 33
2.2 Avaliação de aprendizagem 35
2.3 Tipos de avaliação 37
    2.3.1 Avaliação tradicional 38
    2.3.2 Avaliação dinâmica 39
    2.3.3 Balanceamento da avaliação 40
2.4 O que pensam os professores 41

3
EDUCAÇÃO E GAMIFICAÇÃO 45
3.1 Definição de jogo 45
3.2 Aprender ludicamente 47
3.3 Gamificação 49
    3.3.1 Aplicação de gamificação 50
3.4 Exemplos de gamificação 51
3.5 Gamificação aplicada à educação 54
3.6 Mercado de jogos e balanceamento de dificuldade 55
3.7 Estado de fluxo 56
    3.7.1 Principais elementos de gamificação 60
    3.7.2 Ferramentas para gamificação 63
        3.7.2.1 Fidup 63

  3.7.2.2 Bunchball 64
  3.7.2.3 CloudCaptive 64
  3.7.2.4 Badgeville 64
  3.7.2.5 Moodle 65
  3.7.2.6 Openbadges.ME 65
  3.7.2.7 ClassDojo 65
  3.7.2.8 ClassBadges 66
 3.7.3 Limitações de ferramentas existentes 66

4
APLICANDO GAMIFICAÇÃO NA PRÁTICA................................. 67
 4.1 Questionário inicial sobre prática de professores..............................67
 4.2 Protótipo: primeira versão Ludus Edu aplicada à minha prática de professor ...72
 4.3 Discussão da primeira versão Ludus Edu..74
 4.4 Melhorias do protótipo e planejamento de aplicação com outros professores ...75
  4.4.1 Melhorias do protótipo 76
  4.4.2 Adaptações de cada professor 80

5
RELATOS DE PROFESSORES APLICANDO GAMIFICAÇÃO............ 85
 5.1 Relatos Professor 1 85
 5.2 Relatos Professor 2 87
 5.3 Relatos Professor 3 90
 5.4 Relatos Professor 4 92
 5.5 Discussão da segunda versão Ludus Edu 95

6
RELATO DOS ESTUDANTES USANDO GAMIFICAÇÃO 101
 6.1 Evolução e contribuição dos estudantes 101
  6.1.1 Questionário do perfil do estudante 101
  6.1.2 Questionário do estudante após gamificação 102
 6.2 Discussão da evolução e contribuições dos estudantes 105

7
DETALHES METODOLÓGICOS... 109
 7.0.1 Quanto à estratégia de pesquisa 109
 7.1 Procedimentos de coleta de dados...110
  7.1.1 Entrevista semiestruturada..111

7.1.2 Questionário 111
7.1.3 Observação participante 112
7.2 Avaliação 112
7.3 Contexto 112
7.4 Participantes 114
7.5 Conduzindo a pesquisa-ação 114
    7.5.1 Fase exploratória 114
    7.5.2 Definição do problema 115
    7.5.3 Definição da hipótese 115

8
APRENDIZADOS PARA O FUTURO 117
8.1 Resumo do aprendizado 117
8.2 Contribuições 118
8.3 Conclusão 119
8.4 Trabalhos futuros 121

REFERÊNCIAS 123

DESAFIOS DA EDUCAÇÃO

Este capítulo apresenta um breve contexto da obra. Primeiro, a motivação do autor e os problemas identificados por ele no sistema educacional e em sua experiência de sala de aula como aluno e professor. Por fim o autor oferece uma visão geral do que o leitor encontrará nos demais capítulos.

1.1 Amor é a motivação para inovar na educação

Quem escolheu a profissão de professor no Brasil sabe que não é um caminho fácil. O sacrifício diário é a única certeza que se tem. Não se espera retorno financeiro ou apoio institucional, todos os dias nós professores damos o suor e o sangue para manter as conquistas da educação brasileira.

Muitos profissionais de outras áreas se perguntam como se tem forças para se manter em uma profissão com tão grande nível de trabalho, estresses e desvalorização. Mas cada professor sabe a resposta. O amor pela educação, pelos estudantes e pelo futuro é o que nos mantém trabalhando todos os dias da semana, levando trabalho para casa, com salários baixos e mesmo assim sobrevivendo felizes e animados com o futuro.

Reconhecer o milagre do aprendizado acontecer na sua frente, ou saber das conquistas dos estudantes anos depois das nossas aulas, faz cada professor pensar que valeu a pena o sacrifício. Ver o resultado que a educação pode trazer para a vida de uma pessoa, uma família, uma comunidade, uma cidade é o que nos mantém acreditando no valor do nosso trabalho.

Esse mesmo amor é o grande motivador de todo o trabalho de milhões de professores brasileiros para inovar em sala de aula. Você professor pode ter ouvido recentemente de um gestor, ou de outra pessoa distante da sala de aula, que o professor não gosta de novas tecnologias. Pode ter ouvido que o professor é resistente à inovação, que o professor é tradicional. Mas uma coisa que aprendi ao longo dos anos de pesquisa foi: isso é uma mentira. Uma mentira repetida para perpetuar a lógica de desvalorização.

A maior prova de que tais afirmações são falsas foi a pandemia de covid-19. Milhões de professores inovaram prontamente para manter os estudantes ativos nos locais onde lhes foram dadas condições; por exemplo, a Escola Estadual de Ensino Médio Professor Milton Façanha Abreu passou a proporcionar aulas por meio da rádio comunitária Paz FM em Mulungu, Ceará[1].

Se multiplicaram os atos de heroísmo e de sacrifício em que não foram dadas as condições. Por exemplo, do professor Arthur Cabral, de 29 anos, que toda sexta-feira pedalava mais de sete quilômetros para levar atividades a alunos que têm dificuldade de acesso à internet[2].

A verdade é que não há inovação na educação sem o professor. O professor é o maior interessado em inovar. O professor brasileiro é o maior agente de inovação da educação. Se uma política de inovação em sala de aula não funciona, certamente ela não teve a participação ativa do professor na sua construção.

Não adianta tentar inovar fora da sala de aula, não adianta tentar inovar sem o professor, pois o verdadeiro espaço de relação na educação é a sala de aula, o verdadeiro construtor dessa relação é o professor e o combustível de tudo isso é o amor pela educação e pelos estudantes.

Portanto esta obra parte do pressuposto de que o professor é o ator principal no processo de inovação aqui apresentado, que a sala de aula é o ambiente principal dessa inovação e que essa inovação é baseada no amor.

1.2 Dificuldades para o professor inovar na avaliação

Apesar dos esforços dos professores para inovar, a forma dessa inovação não está clara. Por exemplo, a avaliação tradicional ainda é bastante observada no Brasil (HOFFMANN, 2009). A prova, como outros instrumentos avaliativos, avalia a relação do estudante com o conteúdo.

Dessa maneira nivela todos os estudantes sem considerar as habilidades e atitudes individuais, indo de encontro aos estudos mais recentes que demostram que habilidades e atitudes fazem parte das competências importantes para o desenvolvimento neste século (PORVIR, 2012).

Desse modo, quando o professor faz a prova com um nível alto de exigência, pode aumentar o índice de reprovação e desestimular os estudantes, por outro lado, se fizer com um nível baixo de exigência, desestimula os estudantes mais estudiosos.

---

[1] https://g1.globo.com/ce/ceara/noticia/2020/06/24/escola-proporciona-aulas-atraves-de-radio-para-estudantes-sem-internet-no-interior-do-ceara.ghtml

[2] https://g1.globo.com/pe/pernambuco/noticia/2020/07/24/professor-pedala-mais-de-sete-quilometros-para-ajudar-alunos-que-nao-tem-acesso-a-aulas-online.ghtml

Diante disso acredito que os professores enfrentam dificuldade de equilibrar a avaliação dos estudantes, e portanto é um desafio para o professor avaliar sem desestimular os estudantes.

Nesse sentido, a Lei de Diretrizes e Bases para a Educação (LDB) trouxe um grande avanço, pois em seu artigo 24, parágrafo V, alínea a, determina que a avaliação do desempenho do estudante deve ser contínua e cumulativa, com prevalência dos aspectos qualitativos sobre os quantitativos e dos resultados ao longo do período sobre os de eventuais provas finais. Ou seja, a avaliação deve ser mais qualitativa do que quantitativa.

Mas como fazer isso? Quais instrumentos devem ser usados para realizar essa avaliação? Os professores têm acesso a esses instrumentos? Os professores estão adequadamente qualificados para utilizar estes instrumentos?

1.3 Pesquisa sobre avaliação de professores

Para buscar entender melhor esse problema, foi realizada uma pesquisa com professores de uma instituição de ensino público. Foi aplicado um questionário preliminar respondido por 29 professores do Instituto Federal de Educação, Ciência e Tecnologia do Piauí (IFPI) Campus Picos. Os dados iniciais mostraram que:

- Todos conhecem instrumentos de avaliação complementares à prova;
- Todos estão dispostos a testar novos instrumentos de avaliação;
- Para a maioria dos professores, a prova é considerada um bom instrumento de avaliação, mas não deve ser o único;
- Grande parte dos professores acredita ainda que a prova é uma ferramenta para identificar em que os estudantes precisam melhorar;
- A maioria dos professores atribuem entre 70% e 100% do valor da nota avaliativa à prova.

Esses dados mostraram que apesar de conhecerem instrumentos complementares de avaliação, na prática, grande parte dos professores continuam a utilizar a prova como principal instrumento de avaliação, e ainda que consideram a prova um bom instrumento de avaliação. Ou seja, na prática, a avaliação quantitativa se sobrepõe à avaliação qualitativa.

Porém, existem diversas atividades/instrumentos complementares que são utilizados pelos professores com o objetivo de melhor avaliar as diversas competências dos estudantes. Por isso, na mesma pesquisa foi solicitado aos professores apresentarem outros elementos avaliativos que utilizavam. A seguir estão relacionados alguns dos outros elementos citados pelos professores:

- **Participação em sala de aula;**
- **Assiduidade e pontualidade;**
- **Atitude crítica;**
- **Motivação/participação;**
- **Capacidade de trabalhar em equipe;**
- **Planejamento e organização na execução das tarefas;**
- **Respeito e atenção com o professor e colegas.**

Diante desses dados percebemos que os professores conhecem vários instrumentos de avaliação, e têm interesse em utilizar melhor a avaliação complementar. Então qual o motivo de usarem tão pouco?

Alguns professores relataram as dificuldades de fazer o acompanhamento da avaliação complementar devido a questões como tempo e dificuldade de mensurar essas atividades. Ou seja, há dificuldade em implementar essa utilização na prática.

Sabemos que em todos os níveis os professores são sobrecarregados. Nos níveis fundamentais os professores precisam de dois ou três empregos em diferentes instituições para sustentar sua família. Já nos níveis superiores, em que os salários e a qualificação costumam ser maiores, há uma sobrecarga de atividades para o professor cumprir entre planejamento, execução, gestão, pesquisa e extensão. Ou seja, o professor ao mesmo tempo planeja aulas, ministra aulas, atua na gestão, faz pesquisa e extensão na comunidade.

Portanto, a verdadeira razão para a dificuldade de inovação em avaliação é a sobrecarga. Mas então como minimizar ou sobrepor esse problema? Primeiramente vamos entender como funcionam as atividades complementares. Como elas de fato são implementadas.

1.4 Atividades complementares de avaliação

Geralmente as atividades complementares são somadas e contabilizadas como avaliação qualitativa. Correspondendo a seminários, atos de participação do estudante, assiduidade em sala de aula, realização de atividades e outras.

Essa contabilização acaba portanto sendo realizada de forma não sistemática, com resgate posterior de memória e o estabelecimento de um conceito geral do estudante que é quantizado em nota complementar à prova.

Como mencionado anteriormente, a LDB estabelece que os critérios qualitativos tenham prevalência sobre os quantitativos, mas não indica como o professor deve realizar esse acompanhamento, ou qual porcentagem ou peso deve ser utilizado para cada tipo de avaliação. Desse modo, fica a critério de cada professor fazer o equilíbrio entre prova e avaliação complementar.

Acaba que, pela sobrecarga de uma sala com 30 a 40 estudantes, o professor prefere aplicar um maior peso para a avaliação quantitativa, muitas vezes a partir da prova objetiva. Dessa forma, os aspectos qualitativos se tornam minoritários e difusos na avaliação.

Portanto, equilibrar a avaliação quantitativa e a avaliação qualitativa em relação às competências do estudante e ao conteúdo ministrado são problemas enfrentados pelos professores e geralmente resolvidos em detrimento da avaliação qualitativa, visto que há uma dificuldade prática de realizar a avaliação qualitativa.

1.5 Relação entre balancear avaliação e balancear jogos

Esses problemas enfrentados pelo professor são semelhantes ao problema do balanceamento de dificuldade que os desenvolvedores de jogos enfrentam (FARIAS, 2014).

Os desenvolvedores de jogos utilizam diversos elementos para manter os jogadores focados nos objetivos do jogo. Esses elementos ajudam no balanceamento da dificuldade do jogo e têm o objetivo de manter o jogador em um estado definido pela psicologia positiva como fluxo (SCHELL, 2011).

O estado de fluxo é um estado mental de operação em que a pessoa está totalmente imersa no que está fazendo, caracterizado por um sentimento de total envolvimento e sucesso no processo da atividade (CSIKSZENT-MIHALYI, 2007).

Dessa forma os desenvolvedores de jogos costumam balancear o jogo de forma que toda ação qualitativa do jogador se torne uma ação também quantitativa, facilitando a mensuração de sucesso na atividade e calculando em tempo real os ajustes necessários para manter o jogador engajado.

Com base nisso pode-se identificar que o problema da avaliação do estudante pelo professor é semelhante ao problema da dificuldade dos jogos (SCHELL, 2011). Da mesma forma que os desenvolvedores de jogos fazem o balanceamento da dificuldade para engajar os jogadores, os professores precisam fazer esse balanceamento de dificuldade para manter os estudantes engajados no processo de aprendizagem.

Como professor e pesquisador, eu iniciei as investigações práticas, a princípio com o interesse em investigar o problema do balanceamento do conteúdo de ensino, ou seja, trabalhar o conteúdo das disciplinas de forma gradual, provocando contínuos desafios para os estudantes, desse modo aumentando o engajamento deles no processo de ensino e favorecendo o processo de aprendizagem. Porém, ao iniciar as investigações, percebi a dificuldade de avaliar o balanceamento do conteúdo, sem antes compreender o processo de avaliação. Então foi necessário aprofundar no processo de ensino, aprendizagem e avaliação.

Então como fazer esse balanceamento? A resposta é simples: tornando o processo de aprendizagem um jogo. No entanto o processo não é tão simples.

1.6 Gamificação como inovação

Há muito se pesquisa a utilização de elementos lúdicos no ambiente educacional (SANTANNA; NASCIMENTO, 2012), porém foi a partir de 2011, com a popularização da gamificação, que os elementos utilizados na indústria de jogos passaram a ser aplicados e pesquisados em diversas outras áreas trabalho (BORGES *et al.*, 2014).

Esta obra aprofunda o uso de gamificação no âmbito educacional, analisando o impacto da gamificação no balanceamento da avaliação dos estudantes pelo professor.

A aplicação de gamificação no contexto educacional pode enriquecer o processo de avaliação ao favorecer atividades complementares e uma abordagem dinâmica, de forma a permitir o melhor balanceamento da avaliação da aprendizagem do estudante pelo professor.

É importante destacar que esta obra não visa analisar o nível de aprendizado dos estudantes, ou seja, não tem como foco avaliar o aprendizado dos conceitos ensinados ou dos conteúdos.

Parti do princípio de que o estudante passa com sucesso pelo processo de aprendizagem ao realizar as atividades propostas em sala de aula e alcançar as habilidades esperadas pelo professor. Por isso, o foco deste livro é a avaliação das habilidades e atitudes dos estudantes pelo professor.

Para tanto, pesquisei e selecionei os elementos de jogos mais utilizados em gamificação e realizei treinamento com os professores para que eles pudessem aplicar esses elementos em sala de aula por meio de protótipos de papel que foram chamados de Ludus.

Os Ludus são pequenas fichas que representam emblemas que os professores podem definir para dar *feedback* imediato aos estudantes sobre as atitudes e habilidades esperadas por estes na disciplina. Dessa maneira, os professores puderam alinhar os objetivos das disciplinas com os Ludus criados.

Nesse sentido a aplicação de gamificação buscou provocar pouca interferência na maneira como o professor ministra sua aula, mas impactar a sua relação com os estudantes e a sua perspectiva como avaliador da aprendizagem.

Com a aplicação de gamificação em sala de aula, constatei que os alunos se mantiveram motivados e interessados nas disciplinas. Observei o aumento da emancipação dos estudantes em sala de aula. Também, foi possível identificar o impacto indireto na avaliação do estudantes pelo professor por meio do uso dos elementos lúdicos como composição parcial da nota.

Nesta obra apresento uma experiência prática de aplicação de gamificação em sala de aula a partir de um protótipo de papel chamado de Ludus. Para o desenvolvimento dessa experiência, foi utilizado o método pesquisa-ação, sendo aplicada gamificação em turmas do ensino médio integrado ao técnico e do Plano Nacional de Formação de Professores da Educação Básica (Parfor) do Instituto Federal de Educação, Ciência e Tecnologia do Piauí (IFPI) nos campus Picos e Teresina Zona Sul.

Os Ludus conseguiram engajar os estudantes no processo de ensino-aprendizagem. Os estudantes desenvolveram maior autonomia e a gamificação favoreceu as atividades complementares, permitindo ao professor utilizá-las para a avaliação pela abordagem dinâmica de avaliação. A gamificação foi usada na avaliação do estudante pelo professor e favoreceu a avaliação qualitativa. Esta obra mostra como um professor pode ter impacto positivo no processo de avaliação de aprendizagem se aplicar gamificação alinhada com os objetivos da disciplina. O sucesso da gamificação em sala de aula está atrelado principalmente à forma pela qual o professor conduz o processo.

Por fim, identifiquei limitações nas ferramentas para gamificação existentes e fiz contribuições para a aplicação de gamificação no contexto educacional brasileiro de maneira off-line, ou seja, em escolas que não têm acesso à internet em sala de aula.

1.7 Estrutura do livro

Este primeiro capítulo trata da motivação e dos objetivos do trabalho. O segundo capítulo introduz o leitor aos problemas relacionados à avaliação tradicional no Brasil e ao problema que identificamos como balanceamento da avaliação.

No terceiro capítulo fazemos uma análise bibliográfica em relação à gamificação e avaliação. O foco do capítulo passa então a ser o aprofundamento no conhecimento de gamificação, sua popularização, aplicação em diversas áreas, aplicações atuais em educação, ferramentas e suas limitações, e os principais elementos de gamificação.

No quarto capítulo o leitor conhece o trabalho desenvolvido, os resultados encontrados na aplicação do experimento e acompanha a discussão para análise dos dados e elaboração das conclusões.

No quinto capítulo o leitor é apresentado aos métodos da pesquisa, ao quadro metodológico, ao contexto e aos participantes do experimento, aos métodos utilizados e às ameaças à validade.

No sexto capítulo sintetizo as conclusões das experiências ocorridas ao longo de todo o trabalho, e avalio o impacto gerado pelo uso de gamificação em sala de aula. Além disso, o capítulo aponta oportunidades de trabalhos futuros e possíveis aspectos a serem trabalhados com mais cuidado.

2

APROFUNDANDO NOS PROBLEMAS

Neste capítulo em um primeiro momento buscamos compreender o problema da avaliação de aprendizagem de modo geral e em um segundo momento nos aprofundamos na prática avaliativa do professor em sala de aula para posteriormente definirmos o problema do balanceamento da avaliação.

2.1 A necessidade de inovar

Sabemos que a educação escolar constitui um campo de conhecimento científico, sistemático, acadêmico, formal. Considerando isso, exercer o magistério exige uma formação, uma profissionalização, mas o exercício de educar constitui práticas, habilidades, técnicas etc.

Essas práticas exigem mais que competência profissional, exigem criatividade, reflexão. Tanto é que a educação também pode ocorrer de forma assistemática, informal, dentro ou fora da escola ou da universidade, possibilitando resultados ou mudanças efetivas no comportamento humano.

Se há educação, como mostra Brandão (1981), há diversas formas de educar, há diversas metodologias e toda prática educativa deve ser essencialmente criativa e inovadora, pois se trabalha com a heterogeneidade.

No Brasil, desde as primeiras ações para implantação das primeiras escolas públicas até a estruturação e consolidação do sistema educacional, foram identificados problemas contingenciais envolvendo a educação escolar que incidem diretamente sobre o processo de ensino-aprendizagem dificultando o desempenho dos estudantes.

Uma política, um programa, um projeto educacional, uma prática ou um processo de ensino-aprendizagem, por mais organizado ou planejado que seja, materializado em ações das mais simples às mais burocráticas ou sofisticadas, se não contribuir para a compreensão da realidade ou para a conscientização dos estudantes no sentido de que eles possam conquistar ou fazer valer seus direitos obtendo uma vida próspera e cidadã, não terá reconhecimento nem relevância social.

Vivemos na sociedade da informação, da comunicação, da globalização e os estudantes recebem o tempo todo uma grande quantidade de informações. Isso desafia cada vez mais a academia no sentido de estimular o interesse e de oferecer conteúdos relevantes.

A academia não é o único e nem sempre o melhor local e o mais eficiente ou eficaz no desenvolvimento de práticas educativas, mas ela representa uma das grandes possibilidades de emancipação humana.

O espaço escolar é um local privilegiado do saber, mas ele precisa inovar-se continuamente, ele precisa ser criado e recriado cotidianamente, sob pena de que, ao invés de possibilitar a educação, ele reproduza a continuidade e impeça a liberdade e autonomia do ser humano.

Ensinar, transmitir conhecimentos, habilitar o ser humano para determinadas atividades, por mais conteúdo que ele possa assimilar e por mais técnicas que ele consiga dominar, se não efetivar mudanças individuais e coletivas, se não operar o desenvolvimento humano, não se caracteriza como prática educativa.

O ato verdadeiramente educativo promove o ser humano, desenvolve o senso crítico e a capacidade criativa ou inventiva sobre a realidade porque amplia o olhar sobre o mundo, cria oportunidades e liberta.

Não são raros professores com prática de ensino pautada em uma abordagem conteudista e transmissional que se veem desencantados com a desmotivação de seus estudantes na sala de aula.

Essa prática é herança de um academicismo remanescente da universidade medieval e da tradição iluminista de ensino que teve seu apogeu com a modernidade do século 19. O pensamento cientificista moderno e a crescente especialização do conhecimento passam a configurar a universidade de então.

Não são poucos também os professores que tentam mudar essas práticas fugindo do formato do padrão industrial das salas de aula. No entanto ano após ano vemos que esse padrão resiste e se consolida.

A mais recente batalha perdida foi durante a pandemia de covid-19, quando toda a educação se viu obrigada a adotar o modelo remoto e imaginou-se que uma revolução iria acontecer. No entanto os estudantes, pais, professores e gestores não contavam os dias para voltar definitivamente para as salas de aula presencial.

Ao contrário de qualquer análise daqueles que pensam o futuro, a sala de aula mostrou ter algo que a tecnologia ainda não consegue prover. E qual é tal revolucionária característica que mantém esse padrão vivo?

No meu ponto de vista, nada mais é do que o amor existente na relação da sala de aula, a partir do professor. Então, não é mais moderno pensar em combater o local, o formato ou as pessoas. Daí o que podemos melhorar para inovar em sala de aula? Talvez a forma de avaliar? Ou o que avaliar? Para isso, precisamos aprofundar mais no entendimento de avaliação.

2.2 Avaliação de aprendizagem

O termo avaliação, na concepção de Hoffmann (2010, p. 73), refere-se "a um conjunto de procedimentos didáticos que se estendem por um longo tempo e em vários espaços escolares, de caráter processual e visando, sempre, a melhoria do avaliado". Assim, avaliar não é julgar, mas "acompanhar um percurso de vida do estudante, durante o qual ocorrem mudanças em múltiplas dimensões com a intenção de favorecer o máximo possível seu desenvolvimento" (p. 73).

Antunes (2010) conclui que a apresentação de algumas ideias sobre avaliação do rendimento escolar em um primeiro momento fascina, mas no instante seguinte preocupa. Fascina porque abriga a esperança de que na mudança de sistemas convencionais de avaliação se oculta a crença no indivíduo como ser humano autodeterminado, capaz de, com serenidade e confiança, construir o seu destino.

Por isso ele defende uma reforma nos paradigmas de avaliação tradicionalmente utilizados no sentido de possibilitar pensar na avaliação como instrumento forjador de pessoas autônomas, de seres humanos realizados.

No entanto, o autor enfatiza o seguinte:

> A apresentação dessas ideias também preocupa. Ainda que não nos pareçam inacessíveis, irreais, distantes ou mesmo difíceis, confrontam-se com sistemas autoritários, tão mais simples de aplicar, quanto mais ilusórios pelos resultados que exibem. É fácil administrar-se o desinteresse e a indisciplina do estudante quando se dispõe do poder cabalístico e atroz da nota. [...] Mudar é preciso, ainda que permanecer seja sempre mais fácil; avaliar plenamente é imprescindível, ainda que medir seja extremamente confortável (ANTUNES, 2010, s/p).

Para Hoffmann (2010), o que tem ocasionado a maioria das discussões em torno da avaliação é a tentativa de definição do significado primordial de sua prática na ação educativa. Vários educadores notáveis e com formação diversa voltam sua atenção para o processo de avaliação educacional. Observa-se, entretanto, que os estudos realizados ainda se detêm, prioritariamente, no "não deve ser" ao invés do "ser melhor" da avaliação.

Algumas vezes, ocorre a educadores conscientes do problema apontar aos estudantes as falhas do processo e criticá-las, exercendo entretanto, em sua sala de aula, uma prática avaliativa improvisada e arbitrária. Isso significa uma contradição, mas por que isso ocorre?

> Minhas investigações sobre avaliação sugerem fortemente que a contradição entre o discurso e a prática de alguns educadores e, principalmente, a ação classificatória e autoritária, exercida pela maioria, encontra explicação na concepção de avaliação do educador, reflexo de sua história de vida como estudante e professor (HOFFMANN, 2010, s/p).

São diversas e contraditórias as concepções de avaliação defendidas por diretores, professores, pais e pela sociedade em geral. Antes de se pensar em posturas e práticas avaliativas, é preciso que se discuta, nas escolas, o que todas as pessoas que ali convivem entendem por avaliação (HOFFMANN, 2014).

Avaliar, na concepção mediadora, portanto, engloba, necessariamente, a intervenção pedagógica. Não basta estar ao lado do estudante, observando-o. Planejar atividades e práticas pedagógicas, redefinir posturas, reorganizar os ambientes de aprendizagem e outras ações, com base no que se observa, são procedimentos inerentes ao processo avaliativo, sem a ação pedagógica não se completa o ciclo da avaliação na sua concepção de continuidade, de ação-reflexão-ação.

Hoffmann (2010) vem defender que uma educação em respeito aos estudantes exige aproximação entre família, escola, governo e sociedade civil. Dados de pesquisas nacionais e internacionais revelam há vários anos:

> Os estudantes brasileiros não aprendem como deveriam. Que nossos professores não têm o respeito que merecem na sociedade. Que experiências educativas de sucesso são pautadas pela ética da inclusão, do respeito, da solidariedade, em lugar da competição e da seleção. Que nações democráticas asseguram o direito à escola de todas as suas crianças (HOFFMANN, 2010, s/p).

Na sala de aula, a suspeita inicial de dificuldade de aprendizagem deve ser acompanhada de abrangente avaliação e diagnóstico. O processo de avaliação está intimamente relacionado aos modelos de aprendizagem;

levei em consideração a variedade de abordagens que podem ser usadas para identificar o problema de um estudante.

Também são discutidas as possibilidades e as limitações na avaliação da inteligência, as habilidades individuais e o desenvolvimento de abordagens baseadas na análise de estudos dirigidos. A importância de se fazer da avaliação um processo contínuo é enfatizada e seu vínculo com a intervenção é destacado.

A avaliação é um processo de coleta de informações para um objetivo específico. Trata-se de um processo de direcionamento da tomada de decisões sobre um estudante, identificando seu perfil de potencialidades e suas necessidades.

> A avaliação deve estar voltada para as hipóteses levantadas e essas hipóteses devem ser baseadas na compreensão do estudante e dos componentes cognitivos das dificuldades de aprendizagem, bem como na análise do meio onde o estudante aprende naquele momento. Avaliação não é sinônimo de testagem, apesar de uma testagem adequada poder ser uma das formas componentes de um processo integral de avaliação. Na verdade, o resultado isolado de um teste não tem praticamente nenhum valor (DOCKRELL; MCSHANE, 2000, s/p).

O processo de avaliação em geral engloba a testagem formal das habilidades cognitivas do estudante e de suas aquisições acadêmicas. Em geral, essas avaliações são usadas para confirmar que o desenvolvimento do estudante está alterado ou atrasado.

2.3 Tipos de avaliação

Diversos teóricos tentam definir as práticas avaliativas que muitas vezes são classificadas como tradicionais, dinâmicas, dialéticas etc. e que comumente estão inseridas em duas grandes abordagens. Segundo Saul, Bicudo e Silva Junior (1999), é possível situar a avaliação dentro da abordagem quantitativa, ancorada em pressupostos metodológicos que expressam forte influência do rigor positivista; e da qualitativa, que se propõe a compreender e intervir na situação de modo mais adequado.

Demo (2002, p. 35) acrescenta que: "A avaliação qualitativa equivale à avaliação participante, que é um processo que se constrói na cultura e na história, para além dos levantamentos quantitativos usuais". De forma geral, apesar de existirem diversas correntes e nomenclaturas para identificar as práticas avaliativas nos meios escolares, destacamos duas tendências predominantes: a classificatória ou tradicional e a emancipatória ou dinâmica.

2.3.1 Avaliação tradicional

> Na avaliação com caráter classificatório o estudante tem sua capacidade intelectual medida pela habilidade em reproduzir os conteúdos transmitidos pelo professor. Nessa perspectiva, a avaliação é mero instrumento de coleta de nota realizada apenas no final do processo de aprendizagem, a fim de medir seu produto final sem considerar o processo de reflexão e a autonomia do indivíduo na produção desse agir (BATISTA, 2013, s/p).

A avaliação classificatória é pautada no ensino tradicional em que se tem como base a reprodução de conteúdos, a preocupação do professor é avançar no conteúdo previsto nas unidades do livro (LUCKESI, 2006). A prática avaliativa de caráter classificatório tem base na influência positivista que chegou ao Brasil por meio das obras de Ralph Tyler.

Saul, Bicudo e Silva Junior (1999) constatam que: a influência do pensamento positivista no tocante à avaliação da aprendizagem impregnou o ambiente acadêmico brasileiro, tendo se projetado e difundido por meio de autores cujas obras foram adotadas nos cursos de formação de professores e figuram inclusive na bibliografia de vários concursos para o provimento de cargos na área educacional. Essa influência, no entanto, extrapolou o âmbito acadêmico, tendo subsidiado toda uma legislação, tanto em nível federal como estadual.

Na prática avaliativa tradicional, conforme Sousa (2012), o professor utiliza-se de provas ou testes nos quais os estudantes são solicitados a resolverem problemas escolares convencionais e é esperado deles que esses problemas também sejam resolvidos da forma convencional e sem *feedback*. O resultado final é, quase sempre, a soma da pontuação dos itens resolvidos corretamente, sendo comum o desconto de pontos nas questões em cuja resposta o estudante não tem segurança.

> Dessa forma, a prática avaliativa tradicional caracteriza-se como modalidade de caráter classificatório utilizada como instrumento de poder pelos docentes para medir a capacidade dos estudantes em reproduzir os conteúdos transmitidos em aula, tornando-se um meio de controle do nível cognitivo, medido pela nota obtida nos testes. Na metodologia avaliativa

> da abordagem tradicional ausentam-se práticas de discussão em sala de aula e trabalhos em grupo, bem como a utilização de termos como: justifique, argumente, comente, explique, na medida em que podem suscitar a opinião dos estudantes (BATISTA, 2013, s/p).

Apesar de praticada desde a Idade Média e no Renascimento, a avaliação tradicional é a abordagem mais utilizada pelos professores ainda hoje, mesmo que de forma inconsciente e sem ter como base uma teoria propriamente dita (MIZUKAMI, 1986).

As provas impõem grandes desafios de mudança, portanto, predomina a prática tradicional, positivista e de abordagem quantitativa. Essas práticas avaliativas caracterizaram-se pelo caráter "estático", ou seja, a avaliação reduziu-se às provas, priorizando o produto da aprendizagem, aquilo que o estudante é capaz de reproduzir do que foi ensinado pelo professor em detrimento de um processo avaliativo realizado durante a relação de ensino-aprendizagem.

2.3.2 Avaliação dinâmica

As práticas avaliativas dinâmicas estão sendo experimentadas, mas ainda não se efetivaram no sistema educacional brasileiro dada a tradição ou a resistência dos professores e as condições de trabalho do sistema. Resistência essa que está relacionada às deficiências dos cursos de formação ou à falta de formação pedagógica dos professores.

O objetivo da avaliação dinâmica é o de avaliar em mais detalhes a aprendizagem dos estudantes observando-os no cotidiano da sala de aula. Assim, o professor teria como objetivo descrever as competências manifestadas pelos estudantes que serviriam como base para a elaboração de atividades de aperfeiçoamento.

> Na avaliação dinâmica, tem-se a aproximação e envolvimento do professor no processo de ensino-aprendizagem com foco na atuação do estudante. Nessa perspectiva avaliativa o professor acompanha o estudante observando suas dificuldades na aprendizagem e colabora com aquele no sentido de auxiliá-lo a superar tarefas que sozinho não conseguiria resolver (BATISTA, 2013, s/p).

A avaliação é um ato contínuo, constante, que deve acompanhar todo o processo de ensinar e de aprender. Portanto, deve-se avaliar no início, durante e ao final desse processo (SANTOS, 2010).

De acordo com Meier (2007), a avaliação dinâmica está baseada na crença de que o ser humano é "altamente plástico", isto é, tem a capacidade, o potencial de modificar-se. Esse olhar é diferente do olhar da escola. Enquanto a escola está preocupada com o nível de funcionamento real, observável do sujeito, a avaliação dinâmica está centrada na possibilidade desse sujeito de aprender, de modificar-se, de aprender a aprender.

> A avaliação é denominada "dinâmica", pois avalia o sujeito de forma não estática, pontual. Avalia seu modus operandi, na trajetória entre o não aprendido ao aprendido. Muito mais que uma lista de conteúdos aprendidos, a avaliação dinâmica possibilita ao professor conhecer quais de suas interferências possibilitaram insights ao estudante. Mais do que uma nota pelo conjunto de tarefas resolvidas, a avaliação dinâmica quer saber por que razão uma ou outra tarefa não foi possível de ser resolvida e, principalmente, como ajudar esse estudante a resolver tais tarefas, consideradas a princípio difíceis (BATISTA, 2013, s/p).

Segundo Meier (2007), a avaliação dinâmica permite ao professor e ao estudante conhecerem suas áreas de interesse maior e formas de raciocínio mais eficazes. Esse conhecimento a respeito do desempenho do estudante está em uma dimensão muito além da nota e das provas tradicionais, auxiliando-o a observar seu próprio progresso e seu estilo de aprendizagem.

Desse modo, entendemos a relevância da avaliação dinâmica enquanto modalidade de caráter emancipatório capaz de promover o desenvolvimento cognitivo do estudante, preparando-o para a vida, e não apenas para provas e concursos. Para tanto, é necessário o conhecimento e fortalecimento dos instrumentos de avaliação complementar junto aos professores, de maneira a valorizar as competências, atividades e habilidades desenvolvidas pelos estudantes, e não somente os procedimentos de avaliação que "valem nota".

2.3.3 Balanceamento da avaliação

O problema do balanceamento da avaliação foi identificado a partir da prática do autor, que também é professor, e portanto convive com a dificuldade de equilibrar a avaliação constantemente em sala de aula.

A princípio houve o interesse em investigar o problema do balanceamento do conteúdo de ensino, ou seja, trabalhar o conteúdo das disciplinas de forma gradual, provocando contínuos desafios para os estudantes, desse modo aumentando o engajamento deles no processo de ensino e favorecendo o processo de aprendizagem.

Porém, ao iniciar as investigações, percebi a dificuldade de avaliar o balanceamento do conteúdo, sem antes compreender o processo de avaliação. Desse modo identifiquei inicialmente a dificuldade de balancear a prova.

Provas muito difíceis fazem os estudantes se sentir desestimulados por não conseguirem bons resultados; por outro lado, com provas muito fáceis, os melhores estudantes se sentem frustrados, pois a disciplina representa desafios abaixo da habilidades destes.

Após entender e definir melhor o problema, a partir da bibliografia sobre avaliação de aprendizagem vista anteriormente, busquei conhecer melhor as múltiplas formas de avaliar.

Conheci também diversas linhas bibliográficas, que abrangem as atividades complementares, como poderá ser visto mais adiante. Constatei, ainda, que a lei maior da educação brasileira, a LDB, também versa sobre o assunto.

Com isso, percebi que o problema poderia ser mais aprofundado, pois a questão de equilibrar a avaliação não está tão somente em equilibrar a prova, mas sim em equilibrar os múltiplos instrumentos de avaliação e identificar como eles podem cooperar para desenvolver melhor as competências dos estudantes.

É importante também prover ferramentas para o estudante alcançar os objetivos das disciplinas de forma estimulada e auxiliar o professor a migrar do modelo tradicional ou classificatório de avaliação para a avaliação emancipatória ou dinâmica.

2.4 O que pensam os professores

Para entender melhor como nossos pares professores realizam as atividades de ensino e avaliação de aprendizagem, e verificar se a teoria se alia à prática docente, foi aplicado um questionário para 29 dos professores do IFPI Campus Picos.

A instituição foi escolhida por facilitar o acesso aos dados, por atender a múltiplos níveis de escolaridade e por atuar no ensino público e gratuito, com menor disponibilidade de recursos, semelhante à maioria das escolas do contexto brasileiro. Os dados do questionário são apresentados na seção 4.1.

A partir do questionário identifiquei que, apesar de conhecerem diversos métodos de ensino, o mais utilizado pelos professores é o método expositivo; esse método é muito comum no Brasil. Nesse método, os professores são os detentores do conhecimento e o expõem aos estudantes de maneira gradativa com auxílio de livros, apostilas, quadros, datashow e outros. Esse método de ensino é semelhante ao definido e criticado por Freire (1974) como método "bancário", em que professores depositam o conhecimento como alguém que deposita dinheiro em um banco.

Muitos professores também utilizam os métodos de aprendizagem baseada em problemas e aprendizagem por pesquisa; respectivamente esses métodos utilizam a resolução de problemas especificados ou a realização de pesquisas para desenvolver o aprendizado dos estudantes. Dessa forma podemos perceber que, quanto ao método de ensino, o método expositivo é dominante, mas há professores que também utilizam outros métodos.

Em relação aos instrumentos de avaliação, muitos professores se mostraram conhecedores de instrumentos alternativos ou complementares às provas, porém na prática os professores revelaram aplicar à prova um peso de 70% a 100% em relação à nota do estudante.

Os mesmos professores, apesar de indicarem a prova como mais utilizada entre os diversos instrumentos de avaliação, também indicaram utilizar bastantes elementos como trabalhos, exercícios em sala e avaliação subjetiva, seminários e atividades extraclasse. Desse modo também podemos perceber que, quanto ao método de avaliação, o método tradicional ou classificatório é dominante, apesar dos professores também utilizarem outros métodos.

A permanência do método tradicional pode ser atribuída à sua credibilidade ou indicar uma dificuldade na aplicação concreta das atividades complementares relacionadas com o método dinâmico, ou seja, uma dificuldade de acompanhamento dessas atividades.

Diante dessa dúvida, após o questionário, foi indagado a alguns professores que utilizam atividades complementares como era feito o acompanhamento. Foram obtidas duas respostas, alguns professores utilizam somente a memória para posteriormente atribuir um conceito a cada estudante, que é traduzido em nota, outros professores utilizam planilhas ou anotações para acompanhar os trabalhos dos estudantes e aplicam uma fórmula, servindo-se também da memória para fazer ajustes.

Ou seja, são formas que nem sempre são confiáveis para serem aplicadas a grandes quantidades de estudantes ou por um longo período de tempo. Desse modo, mostrou-se necessário desenvolver métodos, técnicas ou procedimentos que favoreçam as atividades complementares ao permitir ao professor mensurar de forma mais eficiente o desempenho dos estudantes nesses aspectos.

Em relação à elaboração da prova, os professores indicaram elaborar a prova de acordo com o conteúdo ministrado em sala de aula. Também utilizam a bibliografia das disciplinas e desenvolvem questões inéditas a partir do conteúdo. As provas são elaboradas principalmente utilizando questões discursivas, objetivas e de múltipla escolha.

Para a maioria dos professores, a prova é um bom instrumento de avaliação, mas não deve ser o único. Para os professores, a prova é também uma ferramenta para identificar em que os estudantes precisam melhorar. Aqui identifiquei que os professores utilizam métodos diversificados para a elaboração da prova.

Porém, identifiquei contradições com a prática observada, visto que a prova de modo geral é um instrumento de avaliação trabalhoso de ser corrigido, ou seja, de *feedback* demorado, e quando corrigida é imediatamente transformada em nota avaliativa, desse modo dificilmente permite a identificação das deficiências dos estudantes durante o processo, a tempo da elaboração de atividades que proporcionem a melhoria dessas deficiências. Pelo contrário, a nota da prova é aplicada como resultado terminal do processo de ensino-aprendizagem.

Os professores apontaram ainda uma grande aderência dos estudantes a atividades extraclasse. Indicaram também conhecer atividades complementares à prova e que estão disponíveis para conhecer e utilizar novos métodos. Essas informações indicam a possibilidade de criar novos processos e usar tecnologias para facilitar a utilização de instrumentos complementares de avaliação pelo professor e, com isso, impactar positivamente o balanceamento da avaliação da aprendizagem do estudante pelo professor.

Com base nesse diagnostico inicial, percebeu-se que havia interesse dos professores de inovar em sala de aula e que era necessário investigar quais ferramentas poderiam ser utilizadas.

Assim, esta obra relata a busca e o resultado de soluções para permitir uma melhor avaliação da aprendizagem dos estudantes pelo professor pela abordagem dinâmica, a partir do acompanhamento das atividades realizadas em sala de aula e maior aproximação no processo de ensino-aprendizagem.

A proposta é usar elementos lúdicos para manter os estudantes engajados e facilitar o acompanhamento das atividades complementares, a fim de favorecer uma avaliação dinâmica e emancipatória, e dessa forma realizar o balanceamento da avaliação da aprendizagem do estudante pelo professor.

No próximo capítulo é apresentada uma revisão bibliográfica sobre a evolução do uso de elementos lúdicos na educação e em outras áreas, bem como o sucesso e limitações dessa abordagem.

3

EDUCAÇÃO E GAMIFICAÇÃO

Este capítulo inicia com uma revisão a respeito da relação entre educação e os elementos lúdicos. Em seguida faz o aprofundamento em relação à gamificação, sua popularização, a aplicação em diversos contextos, a aplicação em educação, fala sobre o balanceamento de dificuldade em jogos, ainda levanta os principais elementos de jogos e por fim realiza um levantamento das ferramentas existentes para aplicar gamificação e suas limitações.

3.1 Definição de jogo

Entre inúmeras possibilidades para o exercício do magistério, especialmente para a avaliação da aprendizagem, identificam-se os jogos e brincadeiras, pois eles possibilitam a produção e a construção do conhecimento numa dimensão imensurável da criatividade.

As possibilidades de uma docência lúdica que seja vivenciada plenamente na sala de aula e seja estruturadora de saberes pedagógicos e didáticos necessários à aprendizagem e à formação técnica e crítica dos estudantes estão na utilização apropriada dos jogos e brincadeiras.

Para os estudos de teóricos como Ariès (1981), Benjamin (2002), Huizinga (1993), Brougère (2004) e outros, os jogos e as brincadeiras remontam à antiguidade e são apresentados como elementos culturais de uma determinada sociedade e época, presentes em rituais religiosos, festas coletivas ou mesmo atividades lúdicas.

Comuns a adultos e crianças, que participavam igualmente dessa prática cultural, uma vez que não foram pensados inicialmente para a infância como alguns pressupõem, mas ao longo do tempo foram assim se constituindo (OLIVEIRA, 2014).

Os primeiros registros históricos a respeito dos jogos e brincadeiras não estão intimamente relacionados à concepção de infância historicamente construída. A infância nem sempre foi considerada como fase que merecesse maior atenção, era considerada apenas o período mais frágil e logo depois as crianças passavam a fazer parte do mundo adulto, partilhando dos seus trabalhos e jogos. Acredita-se que esse período é anterior à Idade Média.

Ariès (1981) afirma que a história dos jogos e brincadeiras não está associada à criança, não havia ligação com o universo infantil, pois não foram pensadas nem construídas para elas como na sociedade atual.

Os jogos e brincadeiras eram praticados por adultos e crianças, sem nenhuma distinção, já que estas eram consideradas como adultos em miniatura e por isso participavam ativamente da vida social. O conceito de lúdico, como mostra Oliveira (2014), se articula a duas dimensões.

Em primeiro lugar, a de que as atividades lúdicas são criações culturais, são atos sociais, oriundos das relações dos homens entre si na sociedade. Em segundo lugar, lúdico é um estado de ânimo, um estado de espírito que expressa um sentimento de entrega, de inteireza, de vivência plena, e diz respeito à realidade interna do indivíduo.

O conceito expresso em primeiro lugar — o lúdico como criação cultural e ação social. O segundo conceito — o lúdico como experiência interna e compreendido do ponto de vista da subjetividade do sujeito — é defendido por Luckesi (2006).

A educação pela via do lúdico propõe uma nova postura existencial, cujo paradigma é um novo sistema de aprender brincando. Luckesi (2006, p. 54) enfatiza que "a atividade lúdica é a ação que pode propiciar a plenitude da experiência, por isso proporciona prazer ao ser humano, seja como exercício ou como jogo de regras".

Diante desse fato, o jogo deve ser usado em diversas situações pedagógicas, pois promove o aprendizado por meio de regras e interações, facilitando assim o processo de ensino-aprendizagem.

Para Hoppe e Kroef (2014), é importante entender o conceito de jogo, a fim de contextualizá-lo dentro das práticas educativas indicadas para adultos. Nesse sentido, Neumann e Morgenstern (1944) esclarecem que um jogo se refere a situações dadas entre dois ou mais indivíduos e que ocorrem dentro de um conjunto específico de regras.

Na mesma direção, Salen e Zimmermann (2012) assinalam que os jogos são sistemas nos quais jogadores desenvolvem um conflito guiado por regras deliberadas que conduzirão a um resultado quantificável. Legitimando essa ideia, pode-se levar em conta igualmente a definição dada por Huizinga (1993, s/p), ao afirmar que:

> O jogo é uma atividade voluntária exercida dentro de certos e determinados limites de tempo e espaço, segundo regras livremente consentidas, mas absolutamente obrigatórias, dotado de um fim em si mesmo, acompanhado de um sentimento de tensão e alegria e de uma consciência de ser diferente da vida cotidiana.

A relevância educativa dos jogos foi demonstrada no Brasil nos colégios jesuítas, pioneiros no uso de tal ferramenta na educação. Esse uso alterou aos poucos a visão sobre os jogos, anteriormente muito aplicada ao universo infantil, a fim de que o valor na formação das pessoas fosse percebido (ALMEIDA, 2003). Com o passar do tempo, tal percepção do lúdico ultrapassou o âmbito da infância e ampliou-se para as mais variadas faixas etárias.

3.2 Aprender ludicamente

Luckesi (2006) apresenta uma relação do ensinar e do aprender ludicamente com a formação de uma individualidade saudável, ao salientar que a atividade lúdica propicia um estado de consciência livre dos controles do ego, por isso mesmo criativo.

Por isso:

> [...] uma educação centrada em atividades lúdicas tem a possibilidade, de um lado, de construir um Eu (não um ego) saudável em cada um de nós, ou, por outro lado, vagarosamente, auxiliar a transformação do nosso ego constritivo num Eu saudável (HOPPE; KROEF, 2014, s/p).

Educar crianças ludicamente é auxiliá-las a viver bem o presente e preparar-se para o futuro. Educar ludicamente adolescentes e adultos significa criar condições de restauração do passado, vivendo bem o presente e construindo o futuro (LUCKESI, 2006). Nesse contexto, considera-se que o lúdico na educação é maior do que o uso de simples brincadeiras para passar o tempo.

Além disso, o lúdico é uma forma de ação inerente ao ser humano — independentemente de sua idade. Assim sendo, considera-se que "a educação lúdica é [...] uma forma transacional em direção a algum conhecimento, que se redefine na elaboração constante do pensamento individual e em permutações com o pensamento coletivo" (ALMEIDA, 2003, s/p).

Isso ocorre porque o lúdico pressupõe uma entrega total da pessoa, integrando corpo e mente, como mostra Luckesi (2006), ao afirmar que a atividade lúdica é una, indivisível, sendo que por meio desse tipo de atividade se objetiva um estado de consciência que liga o cognitivo à ação.

Complementando essa ideia, Almeida (2003 *apud* HOPPE; KROEF, 2014, s/p) afirma que "educar ludicamente tem um significado muito profundo e está presente em todos os segmentos da vida". Hoppe e Kroef (2014) ressaltam que, da mesma forma que no brincar e se divertir, a pessoa está igualmente se desenvolvendo e, ao mesmo tempo, operando múltiplas funções tanto cognitivas como sociais.

Isso ocorre, segundo Almeida (2023), porque existe a integração e mobilização de várias relações funcionais relativas ao prazer de interiorizar o conhecimento e a expressão de felicidade revelada de integração com outros indivíduos. Assim sendo, a contribuição do lúdico no desenvolvimento das pessoas se dá porque quando elas agem ludicamente acabam por viver uma experiência plena.

Antunes (2010) discutindo avaliação do rendimento escolar e retenção critica algumas das atuais formas de aplicação dos recursos tecnológicos, tais como: filmes, jogos eletrônicos e outros.

Mas, para o autor, "por mais intenso que seja, em nada se compara com o clima de terror que a aproximação dos exames finais causava na escola de quarenta anos atrás" (ANTUNES, 2010, s/p). Embora a metodologia de ensino de muitos professores não tenha mudado, os tempos mudaram, na ocasião se respirava a cultura de retenção e o ensino para outra coisa não valia senão para aprovar ou penalizar.

Vygotsky (1984) atribui relevante papel ao ato de brincar na constituição do pensamento infantil. É brincando, jogando que a criança revela seu estado cognitivo, visual, auditivo, tátil, motor, seu modo de aprender e de entrar em uma relação cognitiva com o mundo de eventos, pessoas, coisas e símbolos.

Desse modo, os elementos lúdicos fazem parte de nosso aprendizado desde a infância, principalmente no desenvolvimento dos sentidos e nas descobertas da nossa relação com os demais elementos do mundo.

De acordo com Winnicott (1975) e Piaget e Fiúza (1975), conceitos como brinquedo, jogo e brincadeira são formados ao longo de nossa vida. A forma peculiar pela qual cada criança define suas brincadeiras como fonte de divertimento impacta a sua formação como pessoa. O que indica que o lúdico tem relação com os comportamentos que desenvolvemos, porém ainda mantém essa relação com a infância.

Já para Santos (1997) o lúdico é uma necessidade do ser humano em qualquer idade e não pode ser visto apenas como diversão. O desenvolvimento do aspecto lúdico facilita a aprendizagem, o desenvolvimento pessoal, social e cultural, colabora para uma boa saúde mental, prepara para um estado interior fértil, facilita os processos de socialização, comunicação, expressão e construção do conhecimento.

Assim, o lúdico é elemento que pode impactar não só crianças, mas qualquer fase do desenvolvimento humano, não apenas como diversão, mas como facilitador do desenvolvimento humano em todos os aspectos.

Nesse sentido, Haidt (2003, s/p) enfatiza que além dessas questões "o jogo tem um valor formativo porque contribui para a formação de atitudes sociais: respeito mútuo, solidariedade, cooperação, obediência a regras, senso de responsabilidade, iniciativa, pessoal e grupal".

Haidt (2003) define o lúdico também como elemento de contextualização e conscientização social, ajudando a entender e definir seu lugar na sociedade. Como podemos ver a partir dos autores citados, há muito se pesquisa a utilização de elementos lúdicos em educação. Principalmente voltados para o uso de jogos, brincadeiras e outros recursos em sala de aula.

Antes da disseminação da Gamificação elementos lúdicos eram utilizados como atividades complementares e aconteciam de forma esporádica e que muitas vezes não chegavam a motivar todos os educandos precisando ser mais bem planejada e adequada à realidade de todos e com maior frequência (OLIVEIRA *et al.*, 2007).

3.3 Gamificação

Com o surgimento do termo *gamification*, foi dada uma nova visão sobre a aplicação de elementos lúdicos:

- *Gamification* envolve a aplicação do pensamento de design de jogos em aplicações que não são jogos, com o objetivo de deixá-las mais divertidas e atraentes (GAMIFICATION WIKI, 2014).
- *Gamification* envolve o uso de elementos de design de jogos, características dos jogos, em contextos não jogo (DETERDING *et al.*, 2011).

- *Gamification* é a integração de dinâmicas do jogo em um site, serviço, comunidade, conteúdo ou campanha de modo a conduzir a participação dos usuários (XU, 2011).
- *Gamification* é o processo de utilizar *game-thinking* e mecânicas de jogos para engajar usuários e resolver problemas (ZICHERMANN; CUNNINGHAM, 2011).

Como pode ser observado, em geral *gamification* pode ser definido como utilizar elementos de jogos em áreas que não são jogos. O termo se originou no setor de mídia digital, tendo seu primeiro uso documentado em 2008 (DETERDING *et al.*, 2011).

Para Seixas (2014), *gamification* tornou-se proeminente em 2011 com a publicação de livros que abordaram a utilização de elementos de jogos em outras áreas e desde então vem se popularizando tanto no meio acadêmico como em diversas outras áreas.

No Brasil o termo *gamification* se difundiu também com o anglicismo "gamificação". Em termos de pesquisa, o mais adequado a ser usado é "ludificação", pois representa melhor a ação de integrar elementos de jogos a diversas áreas e faz uma melhor relação com o que vem sendo utilizado historicamente por pesquisadores para definir a utilização de elementos lúdicos principalmente na área de educação. No entanto, a popularização do termo "gamificação" é inegável e facilita a comunicação com todas as áreas que se interligam neste trabalho.

Diferentemente de como os elementos lúdicos eram aplicados em sala de aula, na forma de jogos e brincadeiras, a gamificação não busca simplesmente dar um aspecto divertido aos conteúdos. A gamificação busca transformar as estruturas e processos aos quais ela é aplicada de forma que se tornem mais interessantes e motivantes. Nessa abordagem, os elementos lúdicos são utilizados para proporcionar *feedback* mais rápido, maior compreensão dos processos, contextualização, mudança de atitude, maior autonomia etc.

3.3.1 Aplicação de gamificação

Algumas publicações abordam as possibilidades de aplicação de gamificação em diversas áreas, os resultados pretendidos e alcançados com esses experimentos.

Para McGonigal (2011), o uso dos jogos não precisa ser voltado apenas para o entretenimento solitário, e as habilidades desenvolvidas durante o jogo podem ser usadas para resolver problemas da vida real e fazer o mundo melhor.

O autor Kapp (2012) aborda alguns conceitos de gamificação voltados para o ensino e aprendizagem. Ele parte do princípio de que todo educador realiza uma espécie de jogo com seus estudantes, propondo desafios e oferecendo soluções. Ele alerta, contudo, que o uso de gamificação na educação não se resume a dar pontos toda vez que um estudante visualiza uma lição on-line ou entrega uma tarefa.

Zichermann e Linder (2010) defendem que as mecânicas de jogos aplicadas a negócios ajudam a engajar pessoas. Eles sugerem que grandes inovadores devem combinar o poder dos jogos com a sua estratégia de negócios; citam como exemplo os pontos de programas de fidelidade.

Zichermann e Cunningham (2011) fornecem estratégias de design para integrar as mecânicas de jogos em qualquer tipo de site ou aplicativo móvel voltado para o consumo e apresentam os principais conceitos dos jogos, padrões de projeto e linhas de códigos significativas para criar um divertido e atraente ambiente social.

Reeves e Read (2013) exploram a ideia de transferir para o local de trabalho o entusiasmo e a concentração proporcionados pelos videogames. Para os autores, ao se utilizar os jogos e mundos virtuais para mudar a maneira de trabalhar, liderar as pessoas e o modo de competir das organizações, cria-se um ambiente de negócio mais criativo, colaborativo e envolvente.

Já Kapp (2012) prefere utilizar outras estratégias dos jogos, como despertar a curiosidade, dar margem para erros, promover a troca de experiências com outras pessoas e apresentar conteúdos em que os estudantes tenham liberdade para tomar decisões que podem deixá-los mais engajados.

As expectativas se transformam em realidade e cada vez mais pesquisas mostram que a aplicação de gamificação funciona em áreas como marketing, vendas, educação e outros (HAMARI; KOIVISTO; SARSA, 2014).

3.4 Exemplos de gamificação

Na área de marketing, o Bradesco lançou um desafio por meio do YouTube e redes sociais, um humorista fazia mímicas de filmes famosos em vídeos do YouTube e o público interagia compartilhando nas redes sociais tentando adivinhar qual era o filme. Essa simples aplicação teve um enorme impacto, com mais de um milhão de internautas interagindo e em um só dia foram feitos cerca de 30 mil compartilhamentos nas redes sociais (PUBLICIDADE BRADESCO, 2014).

Na área de vendas, a TIM inovou utilizando gamificação para fidelizar clientes em seu novo plano para linhas pós-pagas chamado de TIM-BETA. Para começar foram distribuídos convites, posteriormente os clientes precisam de um convite de amigos que já estivessem no programa para entrar, para conseguir convites o usuário tinha que acumular pontos usando seu plano para enviar mensagens, falar com amigos, acessar a internet. Quanto mais se utilizava o plano, mais pontos se acumulava e mais amigos se poderia convidar para o programa, podendo também subir para uma categoria especial, o BETA LAB, obtendo mais descontos (TIM BETA, 2014). Essa foi uma das iniciativas que levaram a TIM a ter um grande crescimento no Brasil.

Na saúde há várias aplicações de gamificação para tornar os hábitos mais saudáveis. O Sworkit é um exemplo de aplicativo ludificado que ajuda seus usuários a se manterem comprometidos com o ritmo da prática de atividades físicas por meio de pontuação e customização; ele tem quase 5 milhões de usuários que podem organizar seus próprios exercícios ou utilizar baterias de exercícios compartilhadas por outros usuários (SWORKIT, 2014).

Ainda em saúde, o mycyberdoctor é um aplicativo ludificado em que o agente de saúde pode definir o tratamento que o paciente deve seguir e onde o paciente recebe incentivo de gamificação para manter as recomendações médicas em dia. A aplicação dessa ferramenta resultou em 37% de incremento no aumento da adesão à medicação, 24% de incremento na aderência à dieta e 14% de incremento na aderência a exercícios (MY CYBER DOCTOR, 2015).

Para o desenvolvimento pessoal, SuperBetter quebra seu objetivo em uma jornada para ser uma pessoa melhor, com todas as provações, desafios e contratempos que vêm com a tentativa de fazer uma grande mudança. O serviço dá ao usuário missões para completar e recompensas para alcançar, mas também permite que você coloque "bandidos" em seu caminho, como maus hábitos, suas próprias fraquezas, ou qualquer coisa que possa atrapalhá-lo.

Além de dar-lhe as ferramentas certas, SuperBetter ajuda você a acompanhar o seu progresso físico, mental e emocional, oferecendo apoio, e você pode desbloquear novos desafios e recompensas por todo o caminho. Conforme você avança, você aumenta suas estatísticas em várias áreas, sendo possível subir de nível, obter pontuações mais altas, e, lenta mas seguramente, trabalhar em direção às metas (SUPER BETTER, 2014).

Os exemplos anteriores demonstram a efetividade da aplicação de gamificação em diversas áreas. Além dos resultados já observados, há grande expectativa para o crescimento da gamificação. Burke (2012), especializado em indicar tendências para o futuro, previu o crescimento da gamificação até 2015 e agora faz sua estimativa do impacto da gamificação até 2020.

Para Burke (2012), o estudo e aplicação da gamificação terá uma desilusão em dois anos causada pela falta de compreensão de como aplicar os elementos de jogos, mas se bem aplicados terá um impacto significativo em vários domínios, principalmente provocando:

- **Uma explosão de inovação**: a gamificação desempenhará um papel fundamental da gestão de inovação potencializando o desenvolvimento dessa área.

- **O design de desempenho do empregado**: os gestores de sucesso no futuro serão grandes designers de jogos que envolvam empregados e serão projetados para alcançar resultados de negócios específicos.

- **A globalização da educação avançada**: no curto prazo, a gamificação será usada principalmente para criar o material do curso mais envolvente, mas em 2020 a formação avançada será global, com o aumento da igualdade de acesso à educação e reconhecimento crescente de habilidades por meio de emblemas.

- **A gamificação de desenvolvimento pessoal**: em 2020, juntamente com o desenvolvimento de sensores mais eficientes e interfaces de gestos, a gamificação incorporará consultorias em treinamento pessoal e vai indicar o momento de fazer determinada atividade, reconhecer quando esta foi realizada e recompensar o usuário por alcançar o objetivo.

- **O surgimento de plataformas de envolvimento do cliente**: em 2020, um pequeno número de plataformas de fidelidade poderá emergir, fundindo plataformas de recompensas atuais baseadas em marca e capturando diversos comportamentos de clientes para gerar recompensas mais significativas para atividades diárias.

3.5 Gamificação aplicada à educação

O *Institute of Play* é uma escola-modelo pública que aplica gamificação para criar experiências que simulam problemas do mundo real, e exigem soluções dinâmicas, bem arredondadas de aprendizagem. Nessa instituição sediada em Nova Iorque, os professores são apoiados por designers de jogos para tornar a aprendizagem mais atraente e para a criação de uma fome de aprender nos estudantes.

Para o *Institute of Play* a educação está em crise, pois 2 em cada 3 estudantes do oitavo ano não são proficientes em matemática, 3 de cada 4 estudantes do oitavo ano não podem escrever com proficiência, 2 de 3 estudantes do oitavo ano não conseguem ler com proficiência, 46% dos estudantes universitários não se formam e 3 milhões de jovens americanos saem da escola todos os anos.

A crise da educação está ligada à falta de engajamento, que é de 80% na escola durante o ensino infantil, cai para 60% na escola durante o ensino fundamental, 40% na escola durante o ensino médio e chega a 30% no trabalho durante a idade adulta. Os resultados dessa escola-modelo são animadores, pois apresentam 94% de taxa de assiduidade dos estudantes, 90% de taxa de retenção média professor, estão há três anos consecutivos com vencedores nas olimpíadas de matemática (INSTITUTE OF PLAY, 2014).

No Brasil os dados do IBGE de 2010 apontam para um índice de abandono de 12,5% no primeiro ano do ensino médio e 14,2% no ensino público superior, mas o *Institute of Play* é um exemplo que demonstra o poder transformador que a ludificação pode ter para ajudar no enfrentamento desse cenário de crise na educação (IBGE, 2014).

Encontrar maneiras de motivar os estudantes é um dos maiores desafios enfrentados pelos professores (CALLAHAN; WILKINSON; MULLER, 2010). No intuito de apoiar a motivação, Huertas (2001) afirma que devem ser levados em consideração aspectos referentes à atitude do estudante e sua relação com a aprendizagem.

Para favorecer a motivação, também deve ser incluído no ambiente de aprendizagem o uso de recompensas por boas notas ou comportamento, elogios e qualquer outro fator que indique ao estudante que ele receberá alguma compensação externa (SANTOS *et al.*, 2013).

Tais recompensas são motivadores importantes, tendo em vista que, se um estudante sabe que irá receber certos benefícios pela aprendizagem ou comportamentos em sala de aula, essa é uma forma de incentivá-lo a cultivar tais comportamentos ou se engajar mais nas suas atividades (KAPP, 2012; SIMÕES; REDONDO; VILAS, 2013).

Em um estudo, ao aplicar gamificação no ensino fundamental, constatou-se que os grupos que obtiveram as melhores médias nos indicadores também foram os que receberam mais emblemas do professor. Resultados como esse podem demonstrar a efetividade da gamificação no ensino fundamental brasileiro (SEIXAS, 2014).

Em revisão sistemática sobre aplicação de gamificação, foi identificado que 46% dos trabalhos encontrados foram aplicados no ensino superior e que a maior parte dos estudos buscam avaliar o nível de engajamento dos estudantes (SOUSA BORGES *et al.*, 2014). O que demonstra que em educação a gamificação está sendo aplicada principalmente no ensino superior e com o objetivo de aumentar o engajamento e motivar os estudantes no estudo do conteúdo apresentado.

A plataforma de ensino de inglês ludificada Duolingo utiliza diversos elementos de jogos, entre eles *feedback*, pontos, níveis e progresso para manter o estudante engajado em aprender uma língua estrangeira. O site oficial apresenta um estudo que mostra que 34 horas de Duolingo equivalem a um semestre universitário de estudo de idiomas. O que demonstra a efetividade que a ferramenta pode ter no ensino de idiomas (DOULINGO, 2015).

Apesar do crescente número de pesquisas relacionadas à gamificação em educação, é possível identificar lacunas para novas pesquisas (SOUSA BORGES *et al.*, 2014). Não foram encontrados trabalhos que abordassem os impactos da gamificação na avaliação do estudante pelo professor.

Também foi identificado que muitos dos trabalhos encontrados utilizam sites ou aplicativos on-line, ou seja, precisam de internet de qualidade para serem bem utilizados, o que não é condizente com a maioria das escolas do contexto brasileiro (SEIXAS, 2014). Identifiquei nessas lacunas oportunidades de contribuição desta obra.

3.6 Mercado de jogos e balanceamento de dificuldade

Na contramão das crises econômicas que prejudicam o crescimento de diversos mercados no mundo, o mercado de games é um dos que mais crescem. Em 2013, as empresas de videogame venderam 160 milhões de unidades, levando a uma espantosa cifra de 15,4 bilhões de dólares americanos em receitas de software e de 21,53 bilhões de dólares americanos em geral. Dez anos antes, esses valores giravam em torno de 7 bilhões de dólares americanos em receita de vendas, o que significa que a receita mais que dobrou em dez anos (ESA, 2014).

Só nos Estados Unidos, 59% da população joga videogames, o equivalente a aproximadamente 160 milhões de pessoas, sendo que 51% das famílias possuem um console dedicado a jogos e algumas possuem dois (ESA, 2014).

No Brasil o mercado também vem crescendo bastante, em um ritmo de 9% a 15% nos últimos cinco anos, gerando em torno de 4 mil empregos, com empresas que faturam até 16 milhões anuais e com um faturamento anual geral de 900 milhões de reais (FLEURY; NAKANO, 2014; G1 PE, 2015).

Para alcançar esses resultados, os desenvolvedores de jogos utilizam diversos elementos para manter os jogadores focados nos objetivos do jogo. Esses elementos ajudam no balanceamento da dificuldade do jogo e têm o objetivo de manter o jogador em um estado definido pela psicologia positiva como fluxo.

3.7 Estado de fluxo

Csikszentmihalyi (2007) apresenta uma das primeiras e principais definições do estado de fluxo, que, segundo o autor, pode ser experimentado quando há objetivos claros a serem atingidos e um equilíbrio entre o desafio proposto na atividade e o nível de habilidade da pessoa a realizá-lo.

Além disso, o fluxo também é experimentado quando ocorre um retorno imediato sobre as ações do indivíduo e este, que possui controle sobre o ambiente. De acordo com o autor, o engajamento em atividades desafiadoras desenvolve novas habilidades e as pessoas são motivadas a buscar desafios cada vez mais difíceis.

O balanceamento de jogo é um dos principais desafios para os desenvolvedores de jogos e pode ser determinante para o sucesso comercial do jogo. Para o design de jogos, Schell (2011) aponta alguns dos principais elementos necessários para criar uma atividade que coloca um jogador em estado de fluxo:

- **Objetivos claros**. Quando nossos objetivos são claros, somos capazes de nos manter mais facilmente focados em nossa tarefa, do contrário, não focalizamos nossa tarefa, pois não acreditamos que nossas ações atuais são úteis.

- **Sem distrações.** Distrações roubam o foco da nossa tarefa e impedem a entrada em estado de fluxo.

- *Feedback* **imediato.** Cada vez que tomamos uma ação temos que conhecer o efeito que a ação provocou, caso contrário, ficaremos rapidamente distraídos e perderemos o foco na nossa tarefa. Se o *feedback* é imediato, facilmente podemos nos manter focados.

- **Desafio contínuo.** Nós adoramos desafios, mas eles devem ser possíveis de serem alcançados. Se pensarmos que não conseguimos alcançá-los, nós nos sentimos frustrados. Por outro lado, se o desafio for muito fácil, nós nos sentimos entediados. Em ambos os casos, nossa mente começa a procurar atividades mais recompensadoras. Para nos manter em estado de fluxo, o desafio deve crescer continuamente à medida que cresce nossa capacidade de alcançá-los e ficarmos continuamente entre o tédio e a frustração.

Para permanecermos em estado de fluxo, as atividades devem ser gerenciadas para que permaneçamos constantemente no limite entre o tédio e a frustração. Csikszentmihalyi (2007) chamou essa margem de "canal do fluxo", como pode ser visto na Figura 3.1 e descrito a seguir.

Figura 3.1 – Canal do Fluxo

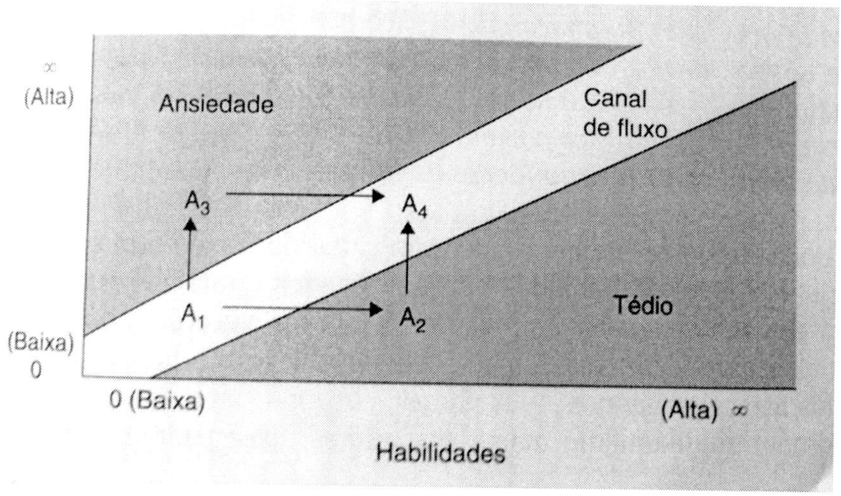

Fonte: Schell (2011)

Vamos supor que o diagrama abaixo represente uma atividade específica — por exemplo, o jogo de tênis. As duas dimensões teoricamente mais importantes da experiência, desafios e habilidades, são representadas nos dois eixos do diagrama. A legra A representa Alex, um garoto que está aprendendo a jogar tênis. O diagrama mostra Alex em quatro diferentes pontos no tempo. Quando começa a jogar (A1), Alex não tem praticamente habilidade alguma, e o único desafio que enfrenta é rebater a bola sobre a rede. Isso não é uma grande façanha, mas é provável que Alex goste disso, porque a dificuldade se encaixa perfeitamente nas suas habilidades rudimentares. Portanto, nesse ponto, ele provavelmente estará no fluxo. Mas ele não pode permanecer aí por muito tempo. Depois de um período de tempo, se ele continuar praticando, é provável que suas habilidades melhorem e então ele ficará entediado com o ato de rebater a bola sobre a rede (A2). Ou poderia acontecer de ele encontrar um adversário mais hábil e, nesse caso, perceberá que há desafios muito mais difíceis para ele do que apenas arremessar a bola — nesse ponto, sentirá alguma ansiedade (A3) em relação ao seu fraco desempenho. Nem tédio nem ansiedade são experiências positivas; assim, Alex se sentirá motivado a retornar ao estado de fluxo. Com deve fazer isso? Olhando novamente para o diagrama, vemos que ele está entediado (A2) e deseja estar no fluxo novamente, Alex tem uma única opção: aumentar os desafios que enfrenta. (Ele também tem uma segunda opção, que é abrir mão totalmente do tênis — e, nesse caso, A desapareceria do diagrama.) Ao definir um objetivo novo e mais difícil para ele mesmo, que corresponde a suas habilidades — por exemplo, vencer um adversário um pouco mais avançado do que ele — Alex estaria de volta ao fluxo (A4). Se Alex estiver ansioso (A3), o caminho de volta ao fluxo exige que ele aprimore suas habilidades. Teoricamente ele também poderia reduzir os desafios que enfrenta e, assim, retornar ao fluxo no qual começou (em A1), mas, na prática, é difícil ignorar desafios, uma vez que se tem ciência de que eles existem. O diagrama mostra que tanto A1 quanto A4 representam situações em que Alex está no fluxo. Embora ambas sejam igualmente agradáveis, os dois estados são bem diferentes pelo fato de que A4 é uma experiência mais complexa do que A1. Ela é mais complexa porque envolve maiores desafios e exige maior habilidade do jogador. Mas A4, embora complexa e agradável, também não representa uma situação estável. À medida que Alex continuar jogando, ou ficará entediado com as oportunidades insípidas que descobre nesse nível, ou ficará ansioso e frustrado por sua capacidade relativamente baixa. Assim, a motivação para que ele se interesse novamente irá empurrá-lo de volta ao canal do fluxo, mas agora em um nível de complexidade ainda maior do que A4. É essa característica dinâmica que explica por que as atividades em um fluxo levam ao crescimento e à descoberta. Ninguém gosta de fazer a mesma coisa no mesmo nível por muito tempo. Ficamos entediados ou frustrados, e então o desejo de nos divertirmos novamente nos leva a ampliar nossas habilidades ou a descobrir novas oportunidades de utilizá-las (CSIKSZENTMIHALYI, 2007 *apud* SCHELL, 2011, s/p).

Para Schell (2011), parte do que torna o equilíbrio do jogo tão difícil é que não há uma fórmula-padrão para aplicar, cada jogo tem vários diferentes fatores que precisam estar balanceados. O game designer deve discernir quais elementos no seu jogo precisam ser balanceados e, então, tentar modificá-los até gerar exatamente a experiência que se quer que o jogador tenha.

Diante disso, vemos que o balanceamento dos elementos de jogos é parte do balanceamento da própria dificuldade do jogo e impacta diretamente a experiência dos jogadores e consequentemente o sucesso dos jogos. Os jogos de sucesso apresentam um bom balanceamento de dificuldade e conseguem manter os jogadores em estado de fluxo por mais tempo.

A gamificação trouxe às outras áreas os elementos de jogos, mas pouco se fala sobre a necessidade do balanceamento desses elementos, do balanceamento da dificuldade e de como podemos aplicar elementos de jogos com o intuito de proporcionar um melhor balanceamento de outras atividades.

Identifiquei que já é conhecido o impacto positivo dos elementos de jogos sobre diversas áreas, porém não se analisam os efeitos da aplicação de gamificação tendo como foco o avaliador. Ou seja, o impacto da gamificação sobre a forma do administrador de empresas, do gestor de marketing, do profissional em saúde ou do educador lidar com o acompanhamento dos resultados de quem está aplicando a gamificação.

Nessa perspectiva supomos que por meio da gamificação o avaliador adquire maiores condições para melhor avaliar e pelo balanceamento dos elementos de jogos utilizados, podendo balancear também a avaliação a fim de alcançar os objetivos esperados.

3.7.1 Principais elementos de gamificação

Kapp (2012) elenca mais de uma dezena de elementos de jogos que considera os mais importantes e destaca as suas contribuições para a reprodução da experiência de jogo.

- **Objetivos**. Os objetivos dizem o que o jogador deve fazer. Contribuem para que o jogador mantenha o foco.
- **Regras**. De uma forma simples, o jogo é um conjunto de regras definidas. As regras definem como o jogador pode ou não alcançar os objetivos.
- **Conflito**. Conflitos são produzidos por oponentes, sejam eles inimigos no jogo ou outros jogadores.
- **Competição**. Em competição os jogadores disputam para definir quem alcança os objetivos mais rápido ou com mais eficiência.
- **Cooperação**. A cooperação é o ato de trabalhar com outros para alcançar os objetivos.
- **Tempo**. O tempo pode influenciar a determinação e velocidade com que o jogador alcança o objetivo.
- **Recompensa**. Emblemas, pontos e recompensas são parte importante dos jogos.
- *Feedback*. Um dos elementos comuns em todos os tipos de jogos é a frequência com que é dado *feedback*, geralmente imediatamente a uma ação realizada.
- **Níveis**. Jogos têm diferentes tipos de níveis. Nível de jogo, que tem relação com dificuldade e diversão, e nível de jogador, que tem relação com a experiência adquirida pelo jogador durante o jogo.
- **História**. O jogo conta uma história que o torna mais interessante.
- **Estética**. Se relaciona com arte e com os elementos visuais que atraem a atenção do jogador.

Para Schell (2011), há muitas maneiras de dividir e classificar os diversos elementos que formam um jogo. Ele desenvolveu uma categorização que chamou de tétrade elementar, dividindo os elementos de jogos em:

- **Mecânica.** Esses são os procedimentos e as regras do seu jogo. Por exemplo, regras, *feedback*, pontos, habilidades, probabilidade, desafio etc.
- **Narrativa.** Essa é a sequência dos eventos que se desdobram no seu jogo. Por exemplo, objetivos, obstáculos, conflitos, história etc.
- **Estética.** Tem a ver com aparência e sensações. Por exemplo, áudio, vídeo, desenhos etc.
- **Tecnologia.** A tecnologia que você escolhe para permitir o jogador fazer certas coisas e proibir outras. Por exemplo, papel, tabuleiro, celular, computador etc.

Dicheva *et al.* (2015) identificam os elementos de jogos em trabalhos ligados à educação em quinze princípios. Desse modo podemos ver que não existe uma classificação padrão para os elementos de jogos. Para identificar os principais elementos usados em gamificação, realizamos levantamento bibliográfico e identifiquei trabalhos de revisão sistemática que listam os principais elementos que foram utilizados por pesquisadores de gamificação nos últimos anos.

Figura 3.2 – Principais elementos de jogos aplicados a diversas áreas

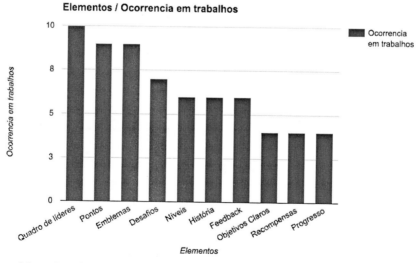

Fonte: elaborado pelo autor a partir de Hamari, Koivisto e Sarsa (2014)

Hamari, Koivisto e Sarsa (2014), em uma revisão sistemática sobre gamificação em diversas áreas, após selecionar 26 entre mais de 8 mil trabalhos encontrados, apontaram os elementos de jogos mais utilizados para ludificação em diversas áreas, conforme a Figura 3.2.

Figura 3.3 – Principais elementos de jogos aplicados à educação

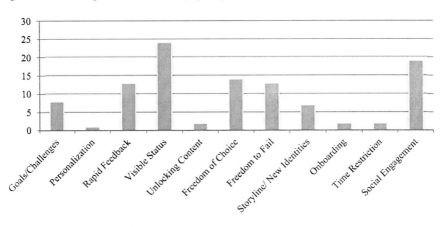

Fonte: Dicheva *et al.* (2015)

Dicheva *et al.* (2015), em uma revisão sistemática sobre gamificação aplicada à educação, selecionaram 34 pesquisas e indicaram os principais elementos utilizados, conforme a Figura 3.3.

Como podemos ver, não há uma padronização do que são os elementos lúdicos, porém podemos identificar os mais utilizados em gamificação.

- **Quadro de líderes**. Esse elemento consiste em exibir os líderes do processo de gamificação.
- **Pontos**. Esse elemento consiste em um *feedback* por meio de pontos ganhos ao se realizar alguma atividade e acumulados ao longo do processo de gamificação.
- **Emblemas**. São medalhas, emblemas, troféus que são entregues aos participantes da gamificação por realizarem alguma atividade específica.
- **Desafios**. São atividades desafiadoras, geralmente não são obrigatórias, são difíceis e resultam em mais pontos acumulados.

- **Status visível.** Consiste em exibir o progresso, posição ou pontuação ao longo da gamificação a fim de permitir a melhoria do desempenho.
- **Engajamento social.** Consiste em favorecer a competição ou colaboração entre duas ou mais pessoas ou ainda entre equipes.

Assim, podemos utilizar alguns desses elementos em sala de aula para analisar o impacto destes sobre o balanceamento da avaliação da aprendizagem do estudante pelo professor.

Pontos podem ser atribuídos aos estudantes que realizarem as atividades solicitadas pelo professor, podem ser entregues emblemas para os estudantes mais esforçados da turma, o professor pode propor desafios para os estudantes, atividades em grupo podem ser realizadas, os pontos podem gerar um quadro de líderes e o progresso da disciplina pode ficar visível para todos os estudantes.

Porém, esses elementos parecem difíceis de serem implementados em sala de aula, por isso muitos adeptos da gamificação utilizam ferramentas e tecnologias para auxiliar na aplicação dessa abordagem.

3.7.2 Ferramentas para gamificação

Diante da complexidade da aplicação e acompanhamento da gamificação, muitos pesquisadores e adeptos dessa abordagem utilizam ferramentas que facilitem a sua implementação. Hoje a gamificação pode ser conectada a sites ou aplicativos por meio de engines, widgets e/ou APIs sem escrever uma única linha de código. Citam-se a seguir alguns dos principais fornecedores do mercado emergente de gamificação, baseado em uma lista feita por Listly (2014).

3.7.2.1 Fidup

Fidup é uma plataforma de gamificação para prover a lealdade de clientes por meio da gamificação do site de seus clientes. A partir dessa plataforma é possível ludificar seu site rapidamente e cadastrar recompensas para os clientes que acessarem, compartilharem e interagirem com o conteúdo. Para isso, provê uma fácil integração, em que não é preciso saber programar e que permite o acompanhamento e análise do crescimento, permitindo assim conhecer os clientes (FIDUP.COM, 2015).

3.7.2.2 Bunchball

Entre os cliente de Bunchball estão a Warner Bros, a Comcast, NBC Universal, ABC Television, Stella & Dot e LiveOps, entre outros. Essas empresas utilizam a plataforma de Gamification Bunchball's Nitro, e sua solução de análise, para criar experiências de usuário personalizadas para consumidores, funcionários e parceiros (BUNCHBALL.COM, 2015).

Para tanto realiza implementação de elementos de jogo em sites, redes sociais e aplicações móveis; as empresas podem engajar seus usuários e obter resultados como lealdade do cliente e maior tempo de permanência em seu site. A Bunchball foi fundada em 2005 e tem sua sede no Vale do Silício, os investidores Bunchball incluem Granite Ventures, Triangle Peak Partners, Northport Investments, Correlation Ventures, e Adobe Systems Incorporated (BUNCHBALL.COM, 2015).

3.7.2.3 CloudCaptive

CloudCaptive é uma ferramenta desenhada para impulsionar o engajamento dos visitantes de sites por meio do uso de mecânicas de jogos. A plataforma permite utilizar elementos de jogos como pontos, notificações e quadro de líderes para premiar e engajar uma comunidade on-line (CLOUDCAPTIVE.COM, 2015).

Fornece ainda ferramentas que permitem rastrear as atividades dos usuários a fim de tomar decisões baseadas em dados. Com isso, é possível identificar quem são os principais usuários, o que eles estão fazendo, e definir estratégias para incentivá-los (CLOUDCAPTIVE.COM, 2015).

3.7.2.4 Badgeville

Uma plataforma de gerenciamento de gamificação e comportamento. Empresas como Samsung, Oracle, EMC, Universal Music, Opower, The Active Network, Autodesk, Microsoft, NBC e mais de 200 inovadores globais são clientes da Badgeville com objetivo de medir e influenciar o comportamento dos seus usuários (BADGEVILLE.COM, 2015).

Entre os seus serviços, está a plataforma de comportamento, cujo objetivo é utilizar as mecânicas de engajamento inerentes hoje nos mais bem-sucedidos jogos sociais e sites, para habilitar as empresas a medir, influenciar e recompensar os comportamentos de usuários (BADGEVILLE.COM, 2015).

3.7.2.5 Moodle

MOODLE é o acrônimo de "Modular Object-Oriented Dynamic Learning Environment", um software livre, de apoio à aprendizagem, executado num ambiente virtual para que educadores, administradores e estudantes tenham uma ferramenta simples, robusta, segura e sistemas integrados para criar e personalizar ferramentas de ensino (MOODLE.ORG, 2015).

A partir da versão Moodle 2.5, foi implementado o recurso Badges; isso significa que administradores e professores podem premiar seus estudantes com badges (distintivos, medalhas, troféus, emblemas ou como se preferir chamar). A função badge trabalha em conjunto com o recurso "Acompanhamento de atividades", também disponível nas versões mais atuais do Moodle (CLARO, 2015).

Em resumo a intenção é premiar o estudante, com um troféu ou medalha, sempre que atingir um objetivo, isto é, concluir uma etapa do curso, seja uma atividade, módulo e/ou o curso como um todo, e com isso buscar um maior engajamento e interesse por parte do estudante (CLARO, 2015).

3.7.2.6 Openbadges.ME

É uma ferramenta on-line gratuita que permite apenas a criação e download de badges (OPENBADGES, 2015). O serviço faz parte de uma iniciativa chamada Mozilla Open Badges, que visa proporcionar um framework para a gravação e exibição de habilidades e conquistas de forma digital. A ferramenta proporciona uma interface com diversos ícones que podem ser personalizados de acordo com a necessidade do usuário (OPENBADGES, 2015).

Caso o usuário deseje personalizar os badges além dos ícones proporcionados pela plataforma, é possível fazer o upload de outras imagens. Contudo, a ferramenta não permite a criação de grupos, bem como o acompanhamento dos badges recebidos pelos usuários (OPENBADGES, 2015).

3.7.2.7 ClassDojo

ClassDojo é uma plataforma on-line de recompensa sobre o comportamento dos estudantes (CLASSDOJO, 2015) que busca incentivar comportamentos positivos específicos como persistência, curiosidade e trabalho em equipe.

A proposta é construir a outra metade da educação, que vai além das boas notas nas provas; busca-se incentivar a construção de um bom caráter nos estudantes. O serviço já é um dos que mais cresce no ramo da tecnologia da educação e conta com milhões de professores e estudantes cadastrados em mais de 80 países (CLASSDOJO, 2015).

3.7.2.8 ClassBadges

O ClassBadges é uma ferramenta gratuita por meio da qual os professores podem premiar as habilidades de seus estudantes e/ou domínio acadêmico (CLASSBADGGES, 2015).

O professor pode personalizar os emblemas para sua sala de aula ou escola. O ClassBadges foi escolhido por ser uma ferramenta muito simples e com a facilidade de alinhar a criação dos badges com objetivos acadêmicos existentes (CLASSBADGGES, 2015).

3.7.3 Limitações de ferramentas existentes

Como podemos perceber, todas as ferramentas citadas anteriormente que permitem o gerenciamento da aplicação de gamificação utilizam internet em tempo real como meio fundamental para o funcionamento do processo.

Nesse caso, o contexto de aplicação necessita dispor de boa qualidade de internet no mínimo para o professor. Porém, essa não é a realidade da maioria das escolas brasileiras.

Esse problema foi evidenciado no trabalho de Seixas (2014) que selecionou as últimas duas ferramentas citadas, ClassDojo e ClassBadges, para aplicar gamificação em sala de aula no ensino fundamental de uma escola-modelo de Recife, PE. Uma das dificuldades encontradas pela pesquisadora foi o impacto negativo causado pela falta de internet algumas vezes durante o experimento, o que inviabilizou a atualização dos dados da gamificação nessas ocasiões.

Por fim, identifiquei que as plataformas existentes não são viáveis para a aplicação de gamificação em muitas das escolas do contexto brasileiro, por isso utilizamos um protótipo de papel para aplicar gamificação em educação e buscamos desenvolver estratégias que permitam a automatização de parte do processo.

No próximo capítulo apresentaremos os métodos utilizados para o desenvolvimento da pesquisa, desenvolvimento dos protótipos, aplicação dos experimentos e avaliação destes.

4
APLICANDO GAMIFICAÇÃO NA PRÁTICA

Neste capítulo apresento como o trabalho foi desenvolvido. Primeiramente exponho como os dados iniciais sobre a avaliação da aprendizagem foram coletados no contexto a partir da aplicação de questionário. Posteriormente apresento duas aplicações do protótipo de papel; para cada versão, apresento como esta foi aplicada; por fim apresento os resultados e realizo uma discussão para extrair as informações e conclusões dos dados coletados.

4.1 Questionário inicial sobre prática de professores

Para Naiditchf (2010), há várias formas de pesquisa-ação que podem ser implementadas dependendo dos participantes e do contexto da pesquisa. Um professor pode iniciar o processo de pesquisa-ação em sua sala de aula quando identifica um problema de ensino ou aprendizagem.

A problemática inicial levantada nesta obra foi identificada em função de que também sou professor e convivo cotidianamente com o enfrentamento do problema da avaliação da aprendizagem do estudante pelo professor e com a dificuldade de equilibrar a avaliação em relação ao conteúdo e às habilidades e atitudes dos estudantes.

A partir disso, senti a necessidade de entender melhor o processo de avaliação realizado pelos professores; para tanto, em paralelo à pesquisa bibliográfica sobre o tema, foi criado um questionário cujo objetivo principal foi identificar como os professores trabalhavam avaliação em sala de aula. O questionário foi dividido em três partes:

- **perfil**, em que seria identificado o perfil do professor e sua área de atuação;
- **docência**, em que o professor indicaria quais métodos de ensino costuma usar;
- **prova e avaliação**, em que o professor indicaria os instrumentos de avaliação que conhece, como os utiliza na prática e sua posição filosófica sobre eles.

O questionário apresenta questões de múltipla escolha, seleção em lista e questões discursivas.

Esse questionário foi aplicado na fase exploratória da pesquisa-ação para os professores de diversas áreas e pedagogos do IFPI Campus Picos. Ele foi respondido por 28 professores e 1 pedagogo e busca levantar informações sobre os métodos de ensino e instrumentos de avaliação dos professores da instituição.

Após a aplicação do questionário, surgiram dúvidas específicas voltadas principalmente para a forma como o professor realiza o acompanhamento diário dos instrumentos e atividades de avaliação complementar em sala de aula. Para dirimir tais dúvidas, foram realizados questionamentos a alguns dos professores.

Tabela 4.1 – Utilização de métodos de ensino por professores

Método de Ensino	Porcentagem
Método expositivo	96,6%
Aprendizagem baseada em problemas	51,7%
Aprendizagem por pesquisa	44,8%
Aprendizagem baseada em estudo de caso	37,9%
Ensino programado	24,1%
Aprendizagem pela descoberta guiada	20,7%
Outros	6,9%
Aprendizagem de mestria	3,4%

Fonte: o autor

Quanto aos métodos de ensino, como podemos ver na Tabela 4.1, 96,6% dos professores indicaram utilizar o método expositivo, 51,7% também afirmaram utilizar o aprendizado baseado em problemas e ainda 44,8% declarou utilizar aprendizagem por pesquisa. Com esses dados podemos observar que a maioria dos professores utilizavam o método expositivo, ou seja, uma forma de educar considerada tradicional e bancária na concepção freiriana.

Tabela 4.2 – Instrumentos e atividades que o professor considera ao realizar a avaliação do estudante

Instrumentos e atividades avaliativas	Porcentagem
Provas	75,9%
Qualitativo	44,8%

Instrumentos e atividades avaliativas	Porcentagem
Trabalhos	31%
Seminários	20,7%
Exercícios	10,3%
Atividades extraclasse	6,9%
Outros	6,9%

Fonte: o autor

Sobre os principais instrumentos e atividades que considera ao realizar a avaliação do estudante, como podemos ver na Tabela 4.2, 75,9% afirmaram levar em consideração as provas, 44,8% também consideram qualitativo, 31% utilizam trabalhos e 20,7% utilizam seminários. Com base nesses dados, podemos observar que a maioria dos professores utilizavam provas como forma principal de avaliação, ou seja, confirmando também uma avaliação de aprendizado tradicional.

Perguntados sobre o peso da prova em relação aos outros instrumentos da avaliação, como podemos ver na Figura 4.1, a maioria respondeu aplicar à prova entre 70% e 100% do peso da nota. Com base nisso, podemos dizer que mais da metade dos professores que responderam, usa a prova com peso superior a 70% da nota, ou seja, avaliação quantitativa se sobrepõe à avaliação qualitativa.

Figura 4.1 – Peso da prova na nota em relação a outros instrumentos da avaliação

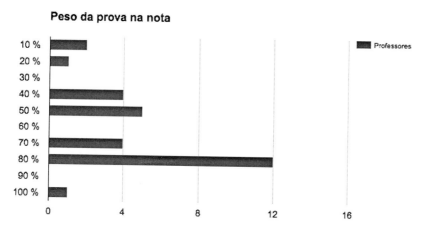

Fonte: o autor

Em relação à forma de elaboração da avaliação dos estudantes, como podemos ver na Tabela 4.3, 86% indicou elaborar a prova de acordo com o que foi ministrado em sala de aula, 72,4% também utilizam a bibliografia da disciplina, e ainda 62,1% também desenvolvem questões inéditas a partir do conteúdo da disciplina.

Tabela 4.3 – Formas de elaboração de provas pelos professores

Forma de elaborar a avaliação	Porcentagem
De acordo com o que foi ministrado em sala de aula	86,2%
A partir da bibliografia	72,4%
Desenvolve questões inéditas a partir do conteúdo	62,1%
Busca em fontes diferentes da bibliografia	48,3%
Utiliza avaliações aplicadas anteriormente por você	31%
Utiliza avaliações aplicadas anteriormente por outros professores	13,8%
Outros	10,3%

Fonte: o autor

Em relação às questões que utilizam ao elaborar a prova, como podemos ver na Tabela 4.4, os professores afirmaram utilizar principalmente questões: discursivas (86,2%), objetivas (72,4%) e de múltipla escolha (58,6%).

Sobre a prova como avaliação, como mostra a Figura 4.2, 65,5% responderam que a prova é uma boa forma de avaliação, mas não deve ser a única. E ainda para 55,2% dos professores a prova é uma ferramenta para identificar em que os estudantes precisam melhorar. Com base nos dados, observamos que a prova é considerada um bom instrumento de avaliação pela maioria; 93,1% conhecem instrumentos alternativos à prova para avaliação da aprendizagem; e todos declararam conhecer instrumentos ou atividades complementares à prova para avaliação da aprendizagem.

Quando questionados sobre a aderência da turma a atividades extraclasse, como podemos ver na Figura 4.3, não houve unanimidade, mas as respostas se concentraram entre 70% e 100% de aderência. Ou seja, a aderência da avaliação qualitativa é alta.

Tabela 4.4 – Tipos de questões que professores utilizam para elaborar as provas

Tipo de Questão	Porcentagem
Discursivas	86,2%
Objetivas	72,4%
Múltipla escolha	58,6%
Verdadeiro ou falso	41,4%
Questões práticas	31%
Marcar a certa	20,7%
Eu não utilizo provas para avaliação	6,9%
Outros	3,4%

Fonte: o autor

Ao serem questionados se gostariam de testar instrumentos de avaliação da aprendizagem alternativos ou complementares à prova, todos os professores responderam positivamente, estando interessados. Ou seja, a maioria dos professores tem interesse em inovação nos instrumentos de avaliação.

Figura 4.2 – Opinião dos professores sobre a prova

Fonte: o autor

Após a aplicação surgiram dúvidas sobre como era realizado o acompanhamento das atividades complementares. Foi questionado a alguns professores, posteriormente à aplicação do questionário, como era realizado o acompanhamento das atividades complementares à avaliação majoritária, como qualitativos, trabalhos e outras atividades realizadas em sala de aula, ou extraclasse.

Esses professores afirmaram utilizar a memória e as experiências para fazerem a conversão desses dados em nota, já outros afirmaram utilizar planilhas para realizar esse acompanhamento e posteriormente utilizar uma fórmula, aliada a ajuste de acordo com o comportamento do estudante para definir a nota. Ou seja, são instrumentos trabalhosos, sujeitos à memória e a erros. Fica clara a necessidade de processos que auxiliem o professor para favorecer uma avaliação qualitativa.

Figura 4.3 – Aderência de estudantes a atividades extraclasse

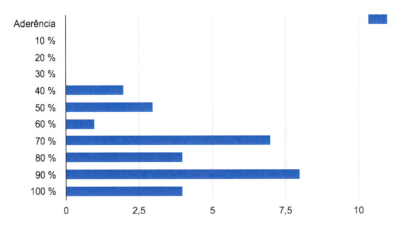

Fonte: o autor

4.2 Protótipo: primeira versão Ludus Edu aplicada à minha prática de professor

O primeiro protótipo a ser implementado e testado para a aplicação de gamificação seguiu um processo simples de implantação e não contou com aplicação de questionários, e sim com a necessidade do autor de melhorar seu processo avaliativo. Criei os Ludus a partir das atitudes que esperava dos estudantes em sala de aula, criei a descrição dos Ludus de papel e os imprimi para serem entregues aos estudantes na forma de cartões.

A versão 1 do protótipo de papel foi aplicado em sala de aula de uma turma do terceiro ano do ensino médio integrado ao técnico de Informática do IFPI Campus Picos. Nessa ocasião, fiz o acompanhamento dos Ludus entregues ao estudante por meio de planilhas atualizadas em sala de aula e apresentadas diariamente para os estudantes em forma de quadro de líderes.

O Ludus da versão 1 também representava, e quantizava por meio de pontos, as atividades complementares especificadas. Os Ludus foram apresentados à turma conforme a Figura 4.4. A versão 1 do protótipo foi aplicada por um período de um mês.

Diariamente em minhas aulas, fiz a entrega dos Ludus aos estudantes assim que identificava o comportamento a ser incentivado. Ao final da aula, recolhia todos os Ludus entregues aos estudantes e atualizava uma planilha que relacionava os Ludus recebidos pelos estudantes e calculava a quantidade de pontos de cada um.

Após a atualização da planilha, esta era exibida na íntegra para os estudantes, de maneira a possibilitar a identificação de sua posição em relação aos demais.

Ao final da aplicação da versão 1 do protótipo de papel, premiei três dos líderes da gamificação e utilizei a gamificação como potencializador dos objetivos da disciplina, utilizando os resultados na avaliação.

Nessa versão do protótipo de papel, foi identificado um aumento considerável no engajamento dos estudantes em todas as atividades realizadas em sala de aula; também foi identificada a mudança de atitude em relação a comportamentos negativos. Foram identificados:

- **Participação**. Aumento na participação dos estudantes em sala de aula, alguns deles anteriormente não participavam.

Figura 4.4 – Ludus de papel entregue e recolhido na versão 1

Fonte: o autor

- **Chegar atrasado**. Diminuição na prática de alguns estudantes que costumavam chegar atrasados.
- **Faltas**. Diminuição na prática de alguns estudantes que costumavam faltar às aulas.
- **Entrega no prazo**. Diminuição na prática de alguns estudantes que costumavam não entregar os trabalhos dentro do prazo estabelecido.
- **Falta de interesse**. Aumento do interesse geral da turma em relação aos conteúdos da disciplina.
- **Superação de limites**. Os melhores estudantes passaram a fazer atividades além do esperado e buscar ainda mais conhecimento, realizando os desafios propostos.

Foram identificados alguns problemas relacionados ao processo de acompanhamento dos Ludus entregues e divulgação dos dados aos estudantes:

- **Consumo do tempo de aula**. Havia dificuldade em realizar o recolhimento dos Ludus dos estudantes, pois a turma era composta por 40 estudantes e eram entregues de 1 a 5 Ludus diariamente para cada um deles, totalizando até 200 Ludus para recolher antes do final da aula, desse modo, um tempo considerável da aula era consumido.
- **Exibir os resultados para todos os estudantes**. Os estudantes que não estavam na liderança se mostravam constrangidos ao ver sua posição exibida para todos os estudantes em sala de aula.

Desse modo, procurei soluções que modificassem o processo a fim de superar as dificuldades encontradas na primeira versão.

4.3 Discussão da primeira versão Ludus Edu

Nessa aplicação houve uma boa receptividade dos estudantes, eles ficaram motivados e muitos desenvolveram as habilidades e atitudes incentivadas.

Participaram mais das atividades em sala de aula, sendo mais pontuais, entregando as atividades, e os melhores estudantes, quando terminavam suas atividades básicas, passaram a não ir para os celulares, mas sim fazer desafios da disciplina. Isso demonstra a efetividade da gamificação em engajar os estudantes do ensino médio, algo já comprovado pela bibliografia encontrada.

Essa versão foi considerada uma preparação, para identificar problemas e melhorias que deviam ser feitas ao aplicar em outras turmas, com outros professores.

Um dos problemas identificados foi a dificuldade de acompanhamento pelo professor. O professor perdia muito tempo no final das aulas contabilizando os Ludus entregues aos alunos, que variavam de 40 a 180.

Isso particularmente era um problema nas aulas que ocupavam menor tempo. Assim identifiquei a necessidade de sistematizar essa contabilização para que o professor não tivesse uma carga adicional de trabalho, e sua aula não tivesse seu tempo reduzido por conta da gamificação, o que poderia inviabilizar a adesão ou continuidade de aplicação.

Uma outra observação importante é sobre o constrangimento dos estudantes que estavam nas posições mais abaixo na gamificação ao verem os resultados sendo exibidos para todos os estudantes. Portanto, ao aplicar com outras turmas, teríamos que solucionar esse problema para que os estudantes com menor desempenho não se sentissem desqualificados.

Considerando os problemas encontrados, elaborei os procedimentos a serem seguidos nas próximas aplicações:

- **Transferir parte do processo do professor para o estudante com auxílio de terminal automatizado.** O professor não precisará mais recolher e contabilizar os Ludus entregues aos estudantes, pois os estudantes é que guardarão os Ludus para serem contabilizados posteriormente por um terminal fora da sala de aula. Com isso, espero retirar do professor a sobrecarga de trabalho e o consumo de tempo que a gamificação vinha provocando.

- **Exibir os resultados apenas dos líderes.** Apenas devem ser exibidos os resultados dos líderes, incentivando os estudantes a estarem na liderança, sem constrangê-los em relação à sua posição atual.

4.4 Melhorias do protótipo e planejamento de aplicação com outros professores

A segunda versão da aplicação do protótipo de papel seguiu um processo completo e rigoroso. A princípio foi identificado um contexto favorável para a aplicação, foram definidos quatro professores que poderiam colaborar com a pesquisa, foi realizado um treinamento simples com cada professor a fim de capacitá-los a elaborar os Ludus de papel e aplicá-los. Além disso, foi simulada a existência de um terminal automatizado para que os próprios alunos validassem seus Ludus.

Foi realizada ainda a aplicação de entrevista com os professores antes e depois da aplicação do protótipo de papel; foi aplicado questionário antes e depois da aplicação com os estudantes; foi realizado o acompanhamento da aplicação; foi realizada documentação de aplicação com fotos e foi realizada observação simples. Todos os detalhes desse processo estão descritos nesta seção.

4.4.1 Melhorias do protótipo

Com as melhorias identificadas na versão 1, foi aplicada uma nova versão do protótipo de papel, dessa vez aplicado por 4 professores em 3 turmas do Parfor do IFPI Campus Teresina Zona Sul durante 2 semanas de aulas intensivas, equivalente a cerca de 20 horas-aula em cada disciplina.

Nessa versão foi aplicado um questionário inicial para os estudantes, a fim de identificar o perfil destes, sua relação com métodos de ensino, com os instrumentos e atividades avaliativas, os seus comportamentos dentro e fora de sala de aula e a sua experiência com jogos.

Nessa versão foi realizado um treinamento, juntamente com a entrevista semiestruturada com cada professor. O objetivo foi identificar as principais habilidades e atitudes que o professor gostaria de desenvolver nos estudantes, apresentar os elementos de gamificação que poderiam ser utilizados para incentivar essas habilidades e atitudes e capacitá-lo para desenvolver e aplicar os Ludus de papel.

Os elementos lúdicos apresentados aos professores foram alguns dos principais elementos utilizados em gamificação segundo o levantamento bibliográfico realizado. São eles:

- **Emblemas**. No âmbito da pesquisa, foram chamados de Ludus. São a principal forma de reconhecer habilidades e atitudes esperadas. Possuem um nome, símbolo, uma descrição e valor em "lu".
- **Quadro de líderes**. É uma lista com os líderes da gamificação, ou seja, aqueles que receberam mais Ludus e consequentemente estão demonstrando melhor as habilidades e atitudes esperadas.

- **Pontos**. No âmbito da pesquisa, tiveram a unidade de medida definida em "lu". São utilizados para valorar os Ludus e o quadro de líderes é organizado de acordo com a quantidade total de "lu" que o estudante possui.
- **Feedback**. É a resposta a um comportamento realizado pelo estudante. Para utilizar esse elemento no âmbito da pesquisa, o professor deveria entregar os Ludus ao estudante imediatamente ao identificar um comportamento ou competência a ser incentivado.
- **Desafios**. É um incentivo para ir além do que a disciplina ou o professor exigem em sala de aula, são desafios que devem ser criados pelo professor para que os estudantes mais interessados não fiquem apenas nas atividades realizadas em sala de aula, mas irem além, buscando realizar outras atividades complementares.

Portanto, no treinamento e entrevista, os professores foram apresentados aos objetivos da pesquisa e aos principais elementos lúdicos, e colaborativamente a partir disso eles foram capazes de:

- Identificar as habilidades e atitudes que gostariam de incentivar nos estudantes e criar emblemas que no âmbito do experimento foram chamados de "Ludus";
- Definir a importância de cada um desses Ludus e quantizar em pontos, que no âmbito da pesquisa teve a unidade de medida definida como "lu";
- Definir se gostaria de utilizar um quadro de líderes;
- Instruídos a dar *feedback* imediato, entregando os Ludus imediatamente após identificar uma competência ou comportamento a ser incentivado;
- Definir se existiria uma recompensa para os líderes ao final da aplicação da versão 2 do protótipo de papel.
- Para cada Ludus criado, os professores definiram:
  - **Símbolo**. Uma imagem em formato de ícone que tinha relação com a descrição do Ludus;
  - **Título**. Algumas palavras que resumiam a descrição do Ludus;
  - **Descrição**. A descrição do Ludus, especificando os comportamentos do estudante que o levariam a receber um Ludus;

- **Valor**. Um valor especificado pelo professor para quantizar os Ludus em "lu".

Figura 4.5 - Ludus definidos pelos professores e respectivos quadros de líderes afixados no mural do campus

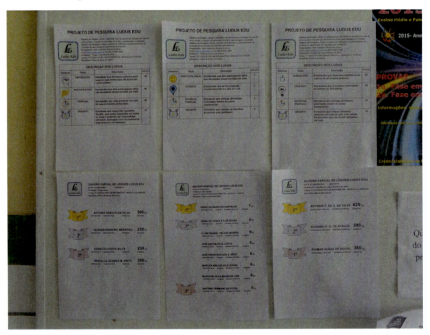

Fonte: o autor

Figura 4.6 – Ludus de papel criados e distribuídos pelo professor 4

Fonte: o autor

Alguns Ludus criados pelos professores podem ser vistos na Figura 4.5, no formato para entrega aos estudantes na Figura 4.6, ou com mais detalhes no próximo capítulo.

Assim, durante ou após o treinamento e entrevista, cada um dos professores criou seus próprios Ludus, suas descrições, definiram seu valor em "lu", definiu quantos estudantes iriam aparecer no quadro de líderes e definiu como daria o *feedback*. Foi elaborado um cartaz e uma apresentação do projeto para os estudantes. Os cartazes continham os Ludus elaborados pelo professor e foram enviados para os e-mails das turmas respectivas e afixados no mural do campus, como podemos ver na Figura 4.5. A apresentação para os estudantes foi realizada em sala de aula antes do início da aplicação.

Figura 4.7 – Terminal simulado para coleta de Ludus

Fonte: o autor

Foi entregue ao professor o material com dezenas de pequenas fichas que representavam os Ludus que eles criaram e que chamo de Ludus de papel, semelhantes às exibidas na Figura 4.6. Ao identificar o comportamento ou competência incentivada em um estudante, o professor deveria destacar uma ficha do material e entregar ao estudante. O estudante por sua vez deveria guardar as fichas recebidas para, posteriormente, em um terminal de contabilização, fazer a contagem de seus pontos.

4.4.2 Adaptações de cada professor

Um dos professores nessa versão inicialmente preferiu utilizar o mesmo procedimento de acompanhamento da versão 1, usando planilha para realizar o acompanhamento, porém posteriormente achou mais interessante utilizar o procedimento recomendado e começou a entregar os Ludus de papel. O que mostra que a automatização pode ter resistência no início, mas posteriormente pode ter adesão pela demonstração de eficiência.

Para simular a coleta dos Ludus de forma automática por meio do resgate pelos alunos, um terminal simulado foi montado de que forma na saída do campus, como pode ser visto na Figura 4.7. Esse terminal consistia em uma pessoa com uma folha na qual colhia os Ludus entregue por cada estudante. O terminal simula uma automatização que pode ser realizada por meio de um terminal eletrônico que estará disponível para o estudante em um ponto dentro do campus ou em sua casa pela internet.

Figura 4.8 – Planilha de acompanhamento dos Ludus recebidos pelos estudantes

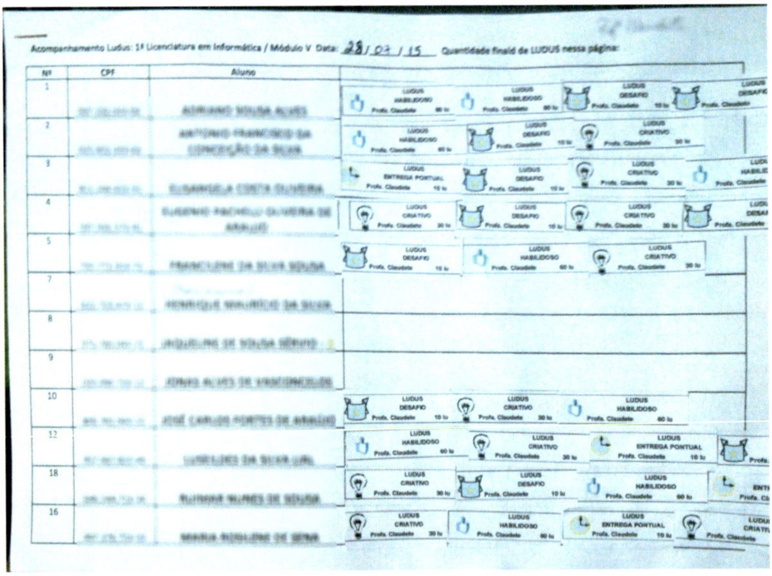

Fonte: o autor

Para a realização da contagem dos pontos, era necessário que o estudante realizasse a entrega dos Ludus que recebeu do professor no terminal simulado em que estes eram colados em uma planilha de contabilização, conforme Figura 4.8. De forma manual foi feita a contabilização diária dos Ludus e o total de pontos recebidos por cada estudante. Esse processo pode ser facilmente automatizado posteriormente.

Após a contabilização dos Ludus, também de forma simulada manualmente era realizada a atualização do quadro de líderes conforme Figura 4.11 e posteriormente enviado para o e-mail da turma, e-mail do professor, e afixado em mural do campus. Nesse ponto, simulei o envio eletrônico de e-mail automático para o professor e os estudantes, além de uma disponibilização do quadro de líderes de forma pública como pode ser visto na Figura 4.9.

Dessa forma, diariamente os estudantes poderiam identificar quais os melhores classificados no quadro de líderes e buscar sua melhor avaliação para que eles também fossem vistos como líderes, como pode ser visto na Figura 4.9. Os professores também receberam diariamente a atualização dos dados em relação ao acompanhamento dos Ludus recolhidos de todos os estudantes.

Esse *feedback* constante foi muito importante e favorável para o sucesso da aplicação.

Figura 4.9 – Estudantes observam o quadro de líderes afixado no mural

Fonte: o autor

Figura 4.10 – Estudantes respondendo o questionário final em laboratório

Fonte: o autor

Ao ser lançado o quadro final de líderes, o professor realizou uma premiação aos líderes. Ao final da aplicação da versão 2 do protótipo de papel, foi realizada uma segunda entrevista semiestruturada com o professor, para entender como este utilizou gamificação em sala de aula e quais considerações gostaria de manifestar em relação a essa experiência.

Figura 4.11 – Quadro de líderes referente aos Ludus do Professor 4

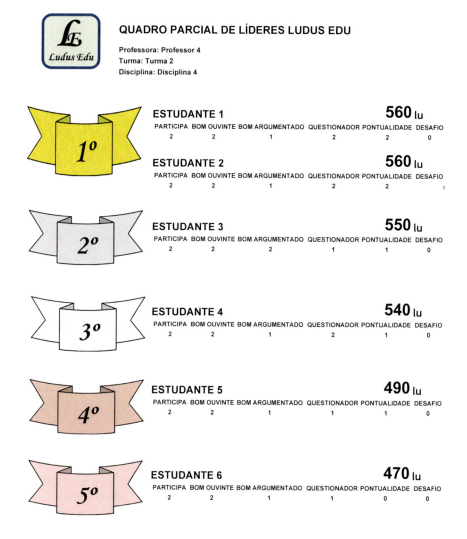

Fonte: o autor

Também ao final da aplicação da versão 2 do protótipo de papel os estudantes responderam um questionário para colher dados sobre a experiência de gamificação. O questionário final foi respondido em um laboratório exclusivo para sua aplicação para evitar que os estudantes não respondessem, visto que as disciplinas estavam sendo encerradas, como pode ser visto na Figura 4.10.

5

RELATOS DE PROFESSORES APLICANDO GAMIFICAÇÃO

Nesta seção apresentaremos os dados obtidos a partir da entrevista semiestruturada com cada um dos professores que participaram do processo, por fim discutiremos os resultados obtidos dessas entrevistas. Apresento os resultados do ponto de vista de 4 professores. Foram 2 professores do sexo masculino e 2 do sexo feminino, mas todos são referidos como professor com número para garantir o anonimato.

Para coletar dados sobre as observações dos professores a respeito do experimento, foram aplicadas duas entrevistas semiestruturadas, uma no início e outra ao final da aplicação da versão 2 do protótipo de papel.

5.1 Relatos Professor 1

Na entrevista semiestruturada anterior à aplicação, o professor declarou já ter trabalhado antes com a disciplina e com o perfil de turma. Ele define a turma como heterogênea, com estudantes de diferentes idades, de diferentes áreas, visto que já são formados e buscam sua segunda formação por meio do Parfor (Plano Nacional de Formação de Professores da Educação Básica).

O professor realiza sua avaliação diariamente, somando diversos trabalhos ao trabalho final sem prova escrita, visto que a disciplina é de cunho prático. Em relação ao acompanhamento diário individual do estudante, afirmou não realizar registro de acompanhamento, utiliza a memória para resgatar o perfil do estudante e quantizar o conceito a respeito de seu desempenho em sala de aula.

Em relação às habilidades e atitudes que gostaria que os estudantes desenvolvessem, elencou a capacidade de ser autodidata, ou seja, que os estudantes desenvolvam atividades relacionadas à disciplina também fora da sala de aula, estudando por interesse próprio.

Ainda espera a melhoria dos estudantes em relação a faltas, problemas de horário e desinteresse em relação ao conteúdo abordado. O professor criou 4 Ludus e distribuiu os ponto conforme a Figura 5.1.

Na entrevista posterior o professor declarou que a experiência com gamificação foi muito proveitosa, principalmente pela reação dos estudantes. Ele acredita que o quadro de líderes foi muito motivador para os estudantes, pois além deles desejarem estar entre os líderes, permitia que verificassem se estavam sendo reconhecidos pelo professor.

Figura 5.1 – Ludus definidos pelo Professor 1

PROJETO DE PESQUISA LUDUS EDU

Objetivo do Projeto: Utilizar Ludificação (uso de elementos de jogos) em sala de aula e avaliar o impacto nas atividades de ensino, aprendizagem e avaliação.
Objetivo da Pesquisa: Avaliar o impacto de ludificação no balanceamento da avaliação de aprendizado do estudante pelo professor.
Pesquisador: Jáder Anderson Oliveira de Abreu
Professor: Professor 1
Turma: Turma 1
Disciplina: Disciplina 1

DESCRIÇÃO DOS LUDUS			
Símbolo	Título	Descrição	Valor(*lu*)
	ESFORÇADO	Estudante que demonstra esforço para superar suas limitações em busca de conhecimento.	50
	PARTICIPATIVO	Estudantes que tem participação ativa nas atividades desenvolvidas em sala.	40
	PONTUAL	Estudantes que está presente em sala de aula no horário estipulado.	30
	DESAFIO	Estudante que responder questões desafio, que serão propostas em todas as aulas e poderão ser respondidas utilizando analogias com os conteúdos anteriormente ministrados.	70

Fonte: o autor

Por isso, estudantes mais introvertidos passaram a participar mais. O professor afirmou que não houve pontos negativos na aplicação, a não ser a sua própria dificuldade de entregar o Ludus, por falta de hábito, o que resultou na seguinte situação:

> Uma estudante, ao ver o quadro de líderes, reclamou comigo, pois ela sempre chegava no horário correto e eu não havia lhe entregue nenhum Ludus pontual no dia anterior, e eu realmente tinha esquecido de entregar para ela esse Ludus. (Professor 1).

Para o professor, a aplicação de gamificação despertou nos estudantes uma competição saudável e ajudou para que os objetivos da disciplina fossem alcançados na medida em que os deixou mais claros.

Ainda afirma que o perfil da turma melhorou, todos se envolveram e os estudantes passaram a ser mais pontuais, esforçados, mais proativos e mais participativos, ou seja, habilidades e atitudes esperadas sofreram melhoria. O professor relatou também a seguinte situação:

> No primeiro dia o programa que estávamos tentando executar deu um erro, então falei para os estudantes que iria pesquisar e depois traria a solução do problema. Então um dos estudantes deu a ideia de usarmos o Ludus, então ficou acertado que quem trouxesse a solução do problema ganharia um Ludus-desafio. Funcionou, no outro dia dois estudantes trouxeram a solução do erro. (Professor 1).

O professor realizou avaliações a partir de trabalhos em sala de aula, duas provas escritas e um trabalho final, sendo que o trabalho prático final corresponde a 50% da nota que será atribuída ao estudante.

O professor relatou não ter utilizado os resultados da gamificação para compor a nota, mas afirmou que acredita que a gamificação teve impacto indireto na avaliação de aprendizado, pois incentivou todas as qualidades desejadas aos estudantes. Estudantes mais introvertidos passaram a participar mais e permitir uma melhor avaliação do professor em alguns aspectos.

Por fim, o professor afirmou que não tinha pensado em levar elementos lúdicos para sala de aula antes e que utilizaria gamificação novamente, que vai utilizar em suas próximas turmas, que o processo foi muito eficiente, e que utilizaria uma ferramenta que automatizasse esse processo.

5.2 Relatos Professor 2

Na entrevista semiestruturada anterior à aplicação, o professor declarou já ter trabalhado antes com a disciplina e com o perfil de turma. Ele define a turma como heterogênea, com deficiências em relação à área foco do curso. O professor realiza sua avaliação utilizando prova escrita e trabalhos práticos.

Para o acompanhamento diário, utiliza uma planilha para acompanhar as atividades extras e notas de trabalhos somando diversos trabalhos ao trabalho final e à prova escrita.

Em relação às habilidades e atitudes que gostaria que os estudantes desenvolvessem, destacou a capacidade de ser autodidata, ou seja, que os estudantes desenvolvam atividades relacionadas à disciplina também fora da sala de aula, estudando por interesse próprio.

Também espera que os estudantes sejam participativos, interessados e engajados. Em relação aos comportamentos que não espera dos estudantes, o professor destacou a evasão, ou seja, desistência do curso, e o desinteresse. O professor criou 4 Ludus e distribuiu os pontos conforme a Figura 5.2.

Na entrevista posterior à aplicação de gamificação, o professor declarou ter achado interessante a experiência. O professor destacou como aspectos positivos a mudança de comportamento de alguns estudantes que procuraram participar mais e demonstraram maior interesse.

Figura 5.2 – Ludus definidos pelo Professor 2

PROJETO DE PESQUISA LUDUS EDU

Objetivo do Projeto: Utilizar Ludificação (uso de elementos de jogos) em sala de aula e avaliar o impacto nas atividades de ensino, aprendizagem e avaliação.
Objetivo da Pesquisa: Avaliar o impacto de ludificação no balanceamento da avaliação de aprendizado do estudante pelo professor.
Pesquisador: Jáder Anderson Oliveira de Abreu
Professor: Professor 2
Turma: Turma 2
Disciplina: Disciplina 2

		DESCRIÇÃO DOS LUDUS	
Símbolo	Título	Descrição	Valor(*lu*)
	PARTICIPA SALA	Estudantes que tem participação ativa nas atividades desenvolvidas em sala.	1
	ASSÍDUO	Estudantes que se faz presente constantemente em sala de aula.	1
	ENTREGA PONTUAL	Estudante que entrega atividades solicitadas dentro do prazo estabelecido	2
	DESAFIO	Estudante que realizar os desafios propostos pelo professor.	2

Fonte: o autor

Como aspectos negativos, o professor relatou uma competição excessiva entre os estudantes que provocou a falta de ética na entrega dos Ludus. O professor relatou o seguinte processo:

> *Alguns estudantes se mostraram excessivamente interessados em conseguirem o primeiro lugar e entregaram mais Ludus do que eu os entreguei. Se eu não tivesse identificado esse problema, teria passado despercebido.* (Professor 2).

O Professor 2 inicialmente preferiu utilizar o processo da versão 1 do protótipo de papel, em que era utilizada uma planilha para o acompanhamento dos Ludus entregues aos estudantes. Porém, devido à maior dificuldade de acompanhamento e consequentemente não conseguir dar o *feedback* imediato aos estudantes, identificou um elevado nível de ansiedade dos estudantes e resolveu utilizar o processo estabelecido para a versão 2, em que os Ludus são entregues em mãos por meio de uma ficha de papel. O professor fez a seguinte declaração:

> *Eu estava fazendo o controle em planilha, mas parece que os estudantes se sentem mais seguros quando têm o controle dos seus Ludus, recebendo o Ludus em mãos.* (Professor 2).

Para o professor, a aplicação de gamificação ajudou a alcançar alguns objetivos da disciplina; acredita que se tivesse feito um melhor balanceamento dos pontos de cada Ludus, poderia ter dado um peso maior à gamificação como parte da avaliação, teria um impacto maior.

Em relação aos comportamentos esperados, ele acredita que a gamificação ajudou em relação à participação em sala de aula e no envolvimento com os trabalhos e que teve efeito positivo também sobre a pontualidade na entrega dos trabalhos, por outro lado despertou uma competição exacerbada e por isso gerou problemas éticos.

O professor ainda indicou como principal dificuldade encontrada na aplicação de gamificação o balanceamento da pontuação de cada Ludus, pois acredita ter impacto na motivação dos estudantes; ele declarou:

> *Se eu tivesse colocado uma diferença maior em relação ao assíduo e o desafio, por exemplo, teria sido melhor, pois como estava não incentiva tanto a realizar o desafio, pois só chegando no horário já era suficiente.* (Professor 2).

O professor realizou avaliações a partir de trabalhos em sala de aula e um trabalho final, sendo que o trabalho prático final corresponde a 50% da nota que será atribuída ao estudante, pois a disciplina é prática.

O professor definiu a turma como mais interessada após a aplicação de gamificação. Apontou como sugestões ao processo um maior controle sobre os Ludus, na entrega e no cálculo, principalmente com a possibilidade de identificar o estudante que recebeu o Ludus.

Por fim, o professor afirmou que não tinha pensado em levar elementos lúdicos para sala de aula antes e que utilizaria gamificação novamente, que vai utilizar em suas próximas turmas, vai colocar maior valor para entrega pontual e menor para assiduidade. Afirmou ainda que utilizaria uma ferramenta que automatizasse esse processo para acontecer em tempo real.

5.3 Relatos Professor 3

Na entrevista semiestruturada anterior à aplicação, o professor declarou já ter trabalhado anteriormente com a disciplina, mas não com o perfil de turma, sendo a primeira vez que atua no Parfor. Ele define a turma como mediana e heterogênea. O professor realiza sua avaliação utilizando atividades práticas de múltiplas formas e avaliação teórica por meio de prova.

Em relação às habilidades e atitudes que gostaria que os estudantes desenvolvessem, destacou a criatividade e habilidade com ferramentas tecnológicas. Em relação aos comportamentos esperados, destacou a participação, realização das atividades práticas, e estarem motivados.

Em relação aos comportamentos que não espera dos estudantes, o professor destacou desinteresse e falta de zelo na execução da atividade. O professor criou 4 Ludus e distribuiu os pontos conforme a Figura 5.3.

Figura 5.3 – Ludus definidos pelo Professor 3

PROJETO DE PESQUISA LUDUS EDU

Objetivo do Projeto: Utilizar Ludificação (uso de elementos de jogos) em sala de aula e avaliar o impacto nas atividades de ensino, aprendizagem e avaliação.
Objetivo da Pesquisa: Avaliar o impacto de ludificação no balanceamento da avaliação de aprendizado do estudante pelo professor.
Pesquisador: Jáder Anderson Oliveira de Abreu
Professora: Professor 3
Turma: Turma 3
Disciplina: Disciplina 3

DESCRIÇÃO DOS LUDUS

Símbolo	Título	Descrição	Valor(lu)
👍	HABILIDOSO	Estudantes que demostra habilidade ao realizar as atividades práticas.	60
💡	CRIATIVO	Estudantes que demostra criatividade ao realizar as atividades.	30
⏲	ENTREGA PONTUAL	Estudante que entrega atividades solicitadas dentro do prazo estabelecido	10
🏳	DESAFIO	Estudante que refazer atividade realizada em sala de aula com outras ferramentas que não foram utilizadas em sala.	10

Fonte: o autor

Na entrevista posterior à aplicação de gamificação, o professor declarou ter achado a experiência muito interessante e principalmente motivadora para os estudantes. O professor destacou como aspectos positivos a mudança de comportamento de alguns estudantes que passaram a ter maior interesse, competitividade, assiduidade e pontualidade na entrega das atividades.

Como aspectos negativos, o professor relatou que alguns estudantes tentaram ganhar Ludus de outras formas, queriam comprar e enrolar dizendo, por exemplo, que ainda não tinham recebido. O professor relatou o seguinte:

> *Você não imagina o que eu presenciei, estudantes discutindo sobre o mercado negro de Ludus.* (Professor 3).

Para o professor, a aplicação de gamificação ajudou a alcançar alguns objetivos da disciplina, ao despertar o interesse dos estudantes em participar mais das aulas e atividades.

O professor acredita também que a gamificação impactou a avaliação dos estudantes, por terem uma maior participação e interação nas aulas práticas, dessa forma foi possível perceber a evolução de alguns estudantes.

Em relação aos comportamentos esperados, ele acredita que a gamificação ajudou em relação à participação em sala de aula e no envolvimento com os trabalhos e que teve efeito positivo também sobre a pontualidade na entrega dos trabalhos, por outro lado criou problemas éticos.

Também indicou problemas no processo de recolhimento dos Ludus, pois houve ocasiões em que os alunos saíam mais cedo e não conseguiam entregar os Ludus, impactando o quadro de líderes do dia seguinte.

O professor ainda indicou como principal dificuldade encontrada na aplicação de gamificação a escolha dos elementos para criar os Ludus, indicando como causa o pouco tempo de orientação e problemas na apresentação dos objetivos da gamificação.

O professor realizou avaliações a partir de trabalhos em sala de aula e da aplicação de uma prova que teve peso de 70% sobre a nota que será atribuída ao estudante. O professor relatou ainda ter usado a gamificação para compor a avaliação por meio de pontos extras.

O professor definiu a turma como mais competitiva após a aplicação de gamificação. Apontou como sugestões a possibilidade de ao entregar o Ludus haver um *feedback* também para o professor do impacto na pontuação final, e um controle maior do professor sobre os Ludus entregues.

Por fim, o professor afirmou que já havia utilizado elementos lúdicos, como emblemas pelo Moodle, e que utilizaria gamificação novamente. Afirmou ainda que utilizaria uma ferramenta que automatizasse esse processo.

5.4 Relatos Professor 4

Na entrevista semiestruturada anterior à aplicação, o professor declarou já ter trabalhado antes com a disciplina e com o perfil de turma. Ele define a turma como heterogênea, no que diz respeito à formação inicial dos estudantes, visto que já são formados e buscam sua segunda formação por meio do Parfor.

O professor realiza sua avaliação diariamente, diversificando para avaliar aspectos relacionados à construção do conhecimento, a partir de conteúdos conceituais e procedimentais, de forma oral e escrita.

Em relação ao acompanhamento diário individual do estudante, afirmou realizar o acompanhamento por meio de anotações que posteriormente são recuperadas para transformar em um conceito do estudante, que é traduzido em nota.

Em relação às habilidades e atitudes que gostaria que os estudantes desenvolvessem, elencou a capacidade de refletir sobre o processo de formação dos conceitos estudados na disciplina, mas também mudar seu olhar sobre a necessidade de formação permanente do professor.

Em relação aos comportamentos que espera dos estudantes, elencou a capacidade de ouvir o professor e os colegas de turma para fundamentar sua fala, a capacidade de argumentar baseado em informações verídicas ou em um embasamento teórico coerente com a argumentação, participação nas discussões e apresentação de suas ideias.

Em relação aos comportamentos que não espera dos estudantes, o professor citou indisciplina e falta de compromisso. O professor criou 4 Ludus e distribuiu os pontos conforme a Figura 5.4.

Na entrevista posterior o professor declarou que a experiência com gamificação foi rápida, mas percebeu que os estudantes se sentiram mais envolvidos em sala de aula e mudaram alguns comportamentos. Ele acredita que o quadro de líderes foi importante para que os estudantes compreendessem melhor o funcionamento da gamificação. O professor afirmou que não houve pontos negativos na aplicação.

O professor também acredita que a gamificação ajudou os estudantes a desenvolverem habilidades e atitudes além do esperado para a disciplina, principalmente estarem mais conectados com situações de informações que envolvessem a área de trabalho deles e com relação ao processo de saber argumentar e questionar.

Para o professor, a aplicação de gamificação despertou nos estudantes uma competição saudável e ajudou para que os objetivos da disciplina fossem alcançados; o professor declarou:

> *Ajudou, pois o objetivo era exatamente fazer com que eles participassem, discutissem, mais do que eles terem o conteúdo assimilado era importante eles terem esse processo de reflexão.* (Professor 4).

O professor realizou avaliações diárias, a partir de discussões em sala de aula e de uma autoavaliação do estudante ao final da disciplina. Para fazer o acompanhamento da participação em sala de aula, o professor anteriormente utilizava apenas anotações, com a gamificação o professor passou a utilizar os Ludus entregues para contabilizar as participações. Desse modo o professor declarou ter utilizado a gamificação como principal elemento da avaliação. O professor declarou:

> *Com os Ludus ficou mais fácil mensurar minha observação diária em valores e transformar posteriormente em nota ou conceito.* (Professor 4).

Em relação ao processo, o professor relatou que a utilização do Ludus em forma física é um diferencial para a experiência em sala de aula. Declarou ainda que:

> *O estudante ao receber o Ludus tinha um feedback do processo de avaliação. Isso despertava a mudança de comportamento e aumentou a motivação. Pois se tivesse feito uma planilha, não teria o mesmo efeito, já que a ação de entrega, do feedback, do estudante receber ou não, de observar os outros estudantes recebendo, cria uma relação de proximidade, troca imediata, comunicação com olhares e a justificativa para cada estudante.* (Professor 4).

O professor também relatou o aumento da autonomia e questionamento pelos estudantes, e a necessidade do professor conhecer a sistematização da proposta, afirmando que tudo depende da forma como o professor vai aplicar. Relatou ainda:

Ao entregar os Ludus, alguns estudantes questionavam por que não receberam determinados Ludus, nesse momento eu tinha que justificar. Mesmo quando os estudantes não perguntavam, mas se os olhares já me informavam um questionamento eu justificava os Ludus que entreguei ou deixei de entregar com base nas atitudes do estudante em sala de aula. (Professor 4).

Figura 5.4 – Ludus definidos pelo Professor 4

PROJETO DE PESQUISA LUDUS EDU

Objetivo do Projeto: Utilizar Ludificação (uso de elementos de jogos) em sala de aula e avaliar o impacto nas atividades de ensino, aprendizagem e avaliação.
Objetivo da Pesquisa: Avaliar o impacto de ludificação no balanceamento da avaliação de aprendizado do estudante pelo professor.
Pesquisador: Jáder Anderson Oliveira de Abreu
Professora: Professor 4
Turma: Turma 2
Disciplina: Disciplina 4

	DESCRIÇÃO DOS LUDUS		
Símbolo	Título	Descrição	Valor(*lu*)
☺	PARTICIPA ATIVIDADES	Estudantes que tem participação ativa nas atividades desenvolvidas em sala.	100
👂	BOM OUVINTE	Estudantes que sabem ouvir o professor e os colegas para fundamentar melhor sua fala.	80
★	BOM ARGUMENTADOR	Estudante que argumentar baseada em informações verídicas ou em um embasamento teórico coerente com a argumentação.	60
??	QUESTIONADOR	Estudante que levantar questionamento relevante para o assunto.	50
🕐	PONTUALIDADE	Estudantes que forem pontuais.	20
🏆	DESAFIO	Encontrar e assistir o filme "Narradores de Javé".	200
		Trazer a letra de uma música que na sua opinião esteja relacionada com a EJA e explicar a relação.	

Fonte: o autor

Em relação às dificuldades na aplicação de gamificação, o professor voltou a destacar a necessidade de um treinamento maior e maior conhecimento sobre as possibilidades de gamificação para melhorar a sistematização da aplicação. Declarou:

> A aplicação exige sistematização por parte do professor para que ele esteja atento ao comportamento do estudante, exigindo uma maior organização e disciplina a fim de organizar as estratégias, sem isso acredito que não vai surtir efeito. Por isso, é necessário um maior estudo, planejamento da aplicação para se encaixar melhor no plano de disciplina. (Professor 4).

Questionado sobre melhorias que poderiam ser realizadas no processo, o professor citou uma mudança estética dos Ludus para se assemelharem a uma moeda, a realização de maior treinamento com professores e uma apresentação melhor elaborada para os estudantes. O professor também afirmou que utilizaria uma ferramenta que automatizasse esse processo.

5.5 Discussão da segunda versão Ludus Edu

Diariamente os estudantes tinham que guardar os Ludus de papel e ir até o terminal fora da sala contabilizar os Ludus que receberam do professor. O acompanhamento foi realizado manualmente, por meio da colagem dos Ludus de papel entregues pelo estudante em uma lista de estudantes impressa.

Porém essa é uma simulação de automação que pode ser realizada nas próximas versões. O terminal poderá ser um computador no qual o estudante contabiliza os Ludus que recebeu, ou um site que pode ser acessível da casa do estudante.

Entretanto, o Ludus de papel conseguiu identificar problemas que poderiam não ser identificados com a versão automatizada de um protótipo. Um dos problemas foi relacionado à falta de ética na entrega dos Ludus. A princípio identificado pela observação dos estudantes pelos pesquisadores e pelo Professor 3, quando se ouviam comentários de haver um "mercado negro de Ludus".

Posteriormente, a questão ética foi constatada pelo Professor 2, ao perceber, a partir de um quadro de líderes, que alguns estudantes estavam entregando mais Ludus do que era possível um estudante ter recebido. Alguns estudantes estavam de alguma maneira conseguindo Ludus a mais, provavelmente de outros estudantes displicentes ou menos envolvidos, e entregando como seus.

Para o Professor 2, a falta de ética pode ter sido motivada por uma competição excessiva por parte de alguns estudantes que queriam estar na liderança a qualquer custo, para os professores 2 e 3 o problema poderia ser resolvido procurando um meio de associar o estudante ao Ludus entregue.

A contribuição dos professores foi considerada relevante e o aspecto de segurança deve ser levado em consideração na aplicação de gamificação, bem como a abordagem da ética.

Também é importante destacar que esse comportamento ocorreu nas turmas do Professor 2 e do Professor 3, tendo o Professor 1 e o Professor 4 afirmado que não houve problemas de qualquer natureza na sua aplicação.

Alguns estudantes destacaram que o êxito do Ludus depende da forma como o professor conduz a aplicação, outros reclamaram de como o professor entregou os Ludus, sem respeitar os critérios e em momento inadequado.

Porém, não é possível afirmar que esse comportamento do professor relatado pelos estudantes faz referência às turmas em que se desenvolveu tal comportamento, visto que o questionário foi aplicado para todos os estudantes e não identificou em que turma o estudante estava.

Essa também é uma melhoria que pode ser realizada, criar maneiras de identificar relações de causa e efeito entre o comportamento específico da turma ou do professor e a gamificação.

Outro problema relatado foi relacionado com o processo manual de recolhimento dos Ludus. Ocorreu de alguns estudantes da turma do Professor 3 saírem mais cedo e não entregarem os Ludus. Esse tipo de problema demonstra a necessidade de automação de parte do processo para torná-lo escalável e totalmente disponível.

O Professor 4 afirmou que é necessário maior treinamento e compreensão do professor sobre o processo de gamificação, pois é necessária uma sistematização e organização do professor para que a gamificação possa ter efeito.

Dessa forma, considero que o professor é o principal agente da aplicação de gamificação em educação, por isso acredito serem válidas as colocações do Professor 4 e dos estudantes, sendo necessário um maior treinamento dos professores para a descoberta das possibilidades de aplicação de gamificação em sala de aula e discussão das melhores práticas e comportamentos para isso.

Após o recolhimento dos Ludus no terminal simulado, os Ludus eram contabilizados e uma atualização do quadro de líderes enviada para o e-mail do professor, dos estudantes e afixada no mural.

Esse processo também foi realizado manualmente, simulando a atualização e compartilhamento do quadro de líderes entre os envolvidos no processo; esse é um dos pontos que identifiquei que pode ser automatizado.

O quadro de líderes foi especialmente destacado pelo Professor 1, Professor 3 e Professor 4 como o principal motivador de uma competição saudável entre os estudantes e como elemento que proporcionou o maior entendimento do processo. Ao receberem o primeiro quadro de líderes é que os estudantes começavam realmente a se interessar pelos Ludus, até então alguns esqueciam de entregar.

Para o Professor 1, o quadro de líderes foi muito motivador para os estudantes, pois estes queriam estar entre os líderes e permitia que eles verificassem se estavam sendo reconhecidos pelo professor. Com isso identifiquei o quadro de líderes como elemento lúdico fundamental para o engajamento dos estudantes.

Por meio da observação e dos relatos dos professores nas entrevistas, foi possível perceber um processo de autonomia do estudante que pode ser um dos efeitos da gamificação sobre o estudante.

Com a gamificação o estudante passa a ter um melhor entendimento das regras sociais a que ele está submetido em sala de aula e a entender o seu lugar nesse micromundo, realiza uma autoavaliação sobre qual deveria ser seu lugar nesse contexto, busca perceber como ele deve proceder para chegar ao lugar que lhe é devido e quando seu comportamento não é notado ele se manifesta contra a avaliação estabelecida.

Um exemplo disso é um estudante que costuma chegar atrasado: ao perceber que o professor está entregando Ludus para quem chega no horário e que há um quadro de líderes no qual a questão da pontualidade é levada em consideração, o estudante percebe que sua falta está sendo observada, que ele está sendo considerado um estudante que não é pontual, então decide se esforçar para chegar mais cedo.

Se o professor não lhe entregar o Ludus de pontualidade, o estudante protesta imediatamente, como relatou o Professor 1, que foi advertido por uma aluna em relação à entrega do Ludus de pontualidade, e o Professor 4, que tinha sempre que justificar a não entrega de alguns Ludus.

Para Freire (1996), não há docência sem discência, ensinar é um ato transformador, libertador que exige reconhecimento e a assunção da sua identidade, ou seja, assumir-se como ser social, pensante, comunicante e transformador (FREIRE, 1996).

Desse modo, acredito que a gamificação não somente impacta o engajamento dos estudantes, mas também propicia maior personalidade, autonomia e liberdade ao estudante para participar do processo de ensino, aprendizagem e avaliação como sujeito ativo.

Ao final do período de aplicação da versão 2 do protótipo de papel, cada professor premiou em sala os líderes da gamificação. A premiação é considerada uma recompensa que pode motivar os estudantes a serem mais engajados, porém, pela observação, foi percebido que a recompensa não era o principal fator da motivação, sendo o maior fator observado a vontade dos estudantes de estarem no quadro de líderes.

Todos os professores criaram o Ludus-desafio, alguns especificaram os desafios durante a criação dos Ludus, outros o utilizaram como um "coringa" que podia ser criado dinamicamente durante a aplicação da versão 2 do protótipo de papel.

O Professor 1 apontou o Ludus-desafio como um importante motivador para os estudante superarem os limites da disciplina. Ele relatou uma experiência em que um erro difícil de resolver foi transformado em um desafio e solucionado por dois estudantes no dia seguinte.

O Professor 1 relatou não ter utilizado a gamificação como elemento avaliativo diretamente, porém ele acredita que a gamificação ajudou para que os objetivos da disciplina fossem alcançados na medida em que os deixou mais claros para os estudantes.

O Professor 1 acredita que a ludificação melhorou o perfil da turma e contribuiu indiretamente para a avaliação, pois incentivou todas as qualidade desejadas aos estudantes. Para ele a melhora observada no perfil geral da turma tem impacto na avaliação que é feita pelo professor.

Já o Professor 2 e o Professor 3 afirmaram que utilizaram a gamificação como elemento de avaliação complementar por meio de pontos extras. Para eles a gamificação ajudou a alcançar alguns dos objetivos da disciplina e motivou alguns estudantes a realizarem os comportamentos esperados. Com isso podemos perceber um impacto indireto da gamificação na avaliação dos professores.

O Professor 2 acredita que poderia ter utilizado mais a gamificação na avaliação se tivesse pensado melhor sobre os pontos distribuídos para cada Ludus, pois da forma que estava alguns Ludus estavam com valor maior do que deveriam. Com essas alterações poderia dar mais peso aos Ludus na nota. O problema da distribuição dos pontos entre os estudantes também foi citado por todos os professores como uma alteração que fariam em uma futura aplicação de gamificação.

Diante dessas observações percebi nos professores uma dificuldade em balancear a pontuação dos Ludus e a possibilidade desse aspecto ser determinante para a confiabilidade da utilização de gamificação como elemento da avaliação.

Dessa maneira, identifiquei que, para balancear a avaliação, primeiramente temos que definir uma melhor integração entre os Ludus e os objetivos da disciplina, os pontos e a nota da disciplina. Dessa forma, ao balancear os pontos, estaria balanceando diretamente a avaliação.

Com isso podemos identificar uma contribuição indireta da gamificação em relação à avaliação da aprendizagem do estudante pelo professor. Podemos identificar também o balanceamento dos pontos dos Ludus como determinante para a confiabilidade dos Ludus como elemento de avaliação complementar.

Sendo assim, em outras versões, é importante realizar um treinamento mais detalhado sobre os elementos de jogos, fazer uma melhor relação entre os Ludus e os objetivos, trabalhos e outras atividades da disciplina, e fazer o balanceamento dos pontos dos Ludus pensando no balanceamento da avaliação.

O Professor 4 afirmou utilizar os Ludus em consonância com as anotações que fazia para realizar o acompanhamento diário dos estudantes, afirmou também que utilizou os Ludus como única forma de avaliação, visto que os objetivos da disciplina estavam totalmente alinhados com os Ludus criados.

Afirmou ainda que os Ludus ajudaram a mensurar o acompanhamento diário realizado com os estudantes em valores e transformar posteriormente em nota ou conceito. Afirmou que a gamificação ajudou a alcançar os objetivos da disciplina.

Esse relato indica que a gamificação pode ter grande impacto positivo se alinhada totalmente com os objetivos da disciplina. Por outro lado, pode indicar que a gamificação é mais indicada para professores que já fazem a avaliação pela perspectiva dinâmica.

Por fim todos os professores afirmaram ficar muito satisfeitos com a aplicação de gamificação e afirmaram que vão utilizar em suas próximas turmas. O Professor 1 afirmou que apesar do processo manual ser trabalhoso ele foi eficiente. O Professor 2 afirmou que não havia pensado em levar elementos lúdicos para sala de aula antes.

Ambos afirmaram também estarem dispostos a utilizar uma ferramenta que automatizasse o mesmo processo. Com isso, percebemos que os processos criados para aplicar o Ludus de papel de maneira off-line foram eficazes e devem ser automatizados para garantir maior escalabilidade e disponibilidade em aplicações futuras.

6

RELATO DOS ESTUDANTES USANDO GAMIFICAÇÃO

6.1 Evolução e contribuição dos estudantes

Nesta seção analisaremos a contribuição realizada pelos estudantes a partir dos questionários respondidos por eles e discutiremos os resultados encontrados.

6.1.1 Questionário do perfil do estudante

O questionário do perfil do estudante foi respondido por 70% dos estudantes participantes do experimento com a versão 2 do protótipo de papel. Esses estudantes têm idade entre 25 e 54 anos e 60% são do sexo feminino, são também professores do ensino fundamental da rede pública municipal do estado do Piauí que procuram sua primeira ou segunda formação pelo Parfor.

Em relação ao contato dos estudantes com tecnologia, 87,5% afirmaram ter computador em casa, 85% possuem smartphones, 37,2% possuem tablets e 12,5% afirmaram ter outros aparelhos, em que citaram notebook. O computador foi apontado por 77,5% dos estudantes como dispositivo mais utilizado para estudar, seguido do celular com 15%.

Em relação ao acesso à internet, 37,5% dos estudantes afirmou utilizar a internet entre uma e duas horas por dia, 22,5% até quatro horas por dia e 20% mais de quatro horas por dia. Sendo que 72,5% acessa diariamente o e-mail, 52% acessa diariamente redes sociais, 42,5% acessa semanalmente sites de entretenimento, 50% acessa diariamente sites de informação e 52,5% acessa diariamente sites de conteúdo educativo.

Sobre suas práticas como estudantes, 47,5% quase sempre e 22,5% sempre estudam em casa os assuntos apresentados em sala de aula, 37,5% quase sempre e 57,5% sempre realizam as atividades propostas pelo professor, 45% quase sempre e 40% sempre participam dos momentos de convivência com os colegas de classe, 37,5% quase sempre e 55% sempre entregam suas atividades dentro do prazo solicitado pelo professor, 30% às vezes, 22,5 quase sempre e 35% sempre têm participação ativa nas discussões realizadas em sala de aula, 40% quase sempre e 47,5% sempre gostam de trabalhar em equipe em sala de aula, 35% às vezes, 32,5% quase sempre e 20% sempre questionam o professor quando têm alguma dúvida em relação ao conteúdo, 50% às vezes e 32,5% quase sempre consideram as atividades em sala de aula divertidas e, finalmente, 27,5% raramente, 57,5% às vezes e 10% quase sempre desenvolvem atividades extraclasse, não solicitadas pelo professor, em relação ao conteúdo.

Sobre os métodos de ensino, para 92,5% dos estudantes o método expositivo é o mais utilizado pelos professores. Os instrumentos e atividades de avaliação mais utilizados são provas, para 92% dos estudantes; trabalhos e seminários ficaram empatados em segundo lugar ambos indicados por 90% dos estudantes.

Em relação a experiências dos estudantes com jogos, 32,5% nunca jogam, 30% raramente jogam e 27,5% às vezes jogam. Dos que jogam, 67% o fazem somente por alguns minutos ao dia, 60% dos que jogam preferem jogos casuais, 34% dos que jogam o fazem no computador e 34% preferem jogar no celular.

6.1.2 Questionário do estudante após gamificação

O questionário final foi aplicado após o experimento de gamificação aos mesmos estudantes que participaram da versão 2 do protótipo de papel. Esse questionário foi respondido por 62% dos estudantes participantes da pesquisa e abordou a experiência destes com gamificação e temas relativos à avaliação.

É importante destacar que os estudantes não foram identificados, por isso não se pode afirmar a qual professor ou turma ele está se referindo, sendo considerados esses resultados como dados da aplicação geral.

Dos estudantes que responderam ao questionário, 48% considerou interessante e 48% considerou muito interessante a experiência de utilizar elementos de jogos em sala de aula; 82,5% dos estudantes afirmaram que como estudantes gostariam de ter os Ludus novamente aplicados em sala de aula.

Em uma resposta livre alguns estudantes consideraram a gamificação: interessante por aguçar o interesse dos estudantes; interessante para uma melhor integração entre professores e estudantes; permite os estudantes se mostrarem mais eficientes; tornam as aulas mais dinâmicas, mais atrativas e motivadoras para estudantes e alunos em geral. Portanto, são indispensáveis na sala de aula. Despertou a curiosidade e a participação em sala de aula; é um motivo a mais para nos destacarmos nas disciplinas que estão sendo aplicadas; motivador no momento da participação dos alunos na execução das atividades em sala de aula; é um incentivo a mais para a busca de conhecimentos, principalmente pela resolução de desafios. Para alguns estudantes, aprender com alegria torna a aula bem mais interessante e a ludificação os animou para estudar.

Os estudantes ainda aproveitaram a pergunta aberta para criticar a forma como alguns professores distribuíram os Ludus e sugerir que haja uma forma mais pessoal de utilizar o Ludus.

Os alunos declararam:

> *O êxito do Ludus depende, em grande parte, da forma como o professor conduz a aplicação.* (Estudante 1).
>
> *Deveria ter um maior controle na dinâmica da aplicação dos Ludus, buscar conhecer o aluno, acompanhar melhor o desenvolvimento de cada um dos alunos.* (Estudante 2).

Por se tratar de estudantes que também atuam como professores na rede pública de ensino, foi questionado se eles como professores utilizariam ludificação em sala de aula; 80% dos estudantes afirmaram que utilizariam em suas aulas como professor.

Em uma pergunta aberta sobre a questão do uso como professor, alguns estudantes responderam que: por acreditar que a educação aplicada de uma forma diferente transforma muito mais o educando; usariam para incentivar e instigar os alunos; utilizariam em uma atividade específica; para tornar minhas aulas mais participativas e prazerosas; pois o Ludus traz uma maior interação e desperta a competição e o interesse dos alunos; motiva os educandos a se interessarem no mundo dos jogos didáticos.

Por outro lado, alguns estudantes se veem impactados pelo contexto em que atuam como professores ou pelo conhecimento que é necessário adquirir para aplicar a gamificação. Como nos relatos:

> *Atuo no nível de alfabetização, onde sigo um roteiro já definido por programas impostos pela secretaria de educação.* (Estudante 3)
>
> *O lúdico sempre atrai o estudante, principalmente se o professor dominar a forma de aplicação da técnica.* (Estudante 4).

Além disso, 57,1% dos estudantes se declararam satisfeitos em relação à forma como os Ludus foram entregues, em mãos utilizando uma pequena ficha de papel; também 57,1% se declararam satisfeitos com a exibição do quadro de líderes no mural; 60% se declararam satisfeitos em relação a guardar o Ludus de papel consigo, para posteriormente ser contabilizado; 65,7% se declararam satisfeitos em relação aos Ludus criados pelo professor e às habilidades e atitudes selecionadas por ele para serem incentivadas.

Em uma resposta aberta sobre que outros Ludus acham que o professor poderia ter criado, os estudantes responderam: nível de atenção; utilizar cores para indicar pontuações diferentes; melhor nota na disciplina; observador; colaborador; atencioso; solidariedade; união. Alguns estudantes aproveitaram para criticar ou elogiar a atuação do professor:

> *Não criar, mas buscar avaliar, acompanhar o desenvolvimento de cada aluno adequadamente.* (Estudante 5).
>
> *Creio que os que foram criados pelo professor estão muito apropriados à turma.* (Estudante 6).

Em uma pergunta final aberta para outras observações, os estudantes relataram:

> *Achei bastante válida a iniciativa de inserir a pesquisa em um curso de graduação, pois motivou os alunos a participarem das atividades que estavam sendo desenvolvidas em sala.* (Estudante 7).
>
> *Uma novidade, sempre no início é um choque até todos entenderem e perceber a graça. Aumentou a concorrência saudável na sala, contribuiu para unir mais a turma.* (Estudante 8).
>
> *Muito bom. Penso em utilizar algo parecido em minha prática de sala de aula para avaliar meus alunos.* (Estudante 9).

Ao serem questionados se seria mais interessante que o professor fizesse o acompanhamento do Ludus e não lhes entregasse em mãos, 77,1% responderam que não, ou seja, para a maioria dos estuantes é mais interessante eles mesmos terem o controle de seus Ludus.

Quando questionados se acreditavam que a utilização de Ludus em sala de aula ajudou em uma melhor avaliação do estudante pelo professor, 77,1% dos estudantes responderam que sim.

Sobre suas práticas como estudantes, 48,6% quase sempre e 28,6 sempre estudam em casa os assuntos apresentados em sala, 22,9% quase sempre e 71,4% sempre realizam as atividades propostas pelo professor,

40% quase sempre e 40% sempre participam dos momentos de convivência com os colegas de classe, 42,9 quase sempre e 57,1% sempre entregam suas atividades dentro do prazo solicitado pelo professor, 11,4% às vezes, 34,3 quase sempre e 31,4% sempre têm participação ativa nas discussões realizadas em sala de aula, 25,7% quase sempre e 60% sempre gostam de trabalhar em equipe em sala de aula, 25,7% às vezes, 37,1% quase sempre e 28,6% sempre questionam o professor quando têm alguma dúvida em relação ao conteúdo, 31% às vezes e 45% quase sempre consideram as atividades em sala de aula divertidas e, finalmente, 22,9% raramente, 51,4% às vezes e 25,7% quase sempre desenvolvem atividades extraclasse, não solicitadas pelo professor, em relação ao conteúdo.

Sobre os métodos de ensino, para 91,4% dos estudantes o método expositivo é o mais utilizado pelos professores. Os instrumentos e atividades de avaliação mais utilizados no período de aplicação da versão 2 do protótipo de papel foram: trabalhos, para 97,1% dos estudantes; a prova foi apontada como segunda mais utilizada por 91,4%; e seminários e exercícios ficaram quase empatados em terceiro lugar, respectivamente indicados por 74,3% e 71,3% dos estudantes.

6.2 Discussão da evolução e contribuições dos estudantes

Os estudantes que participaram da pesquisa são também professores e diariamente convivem com a prática de fazer educação. Por isso também é importante conhecer esse público e usar suas considerações.

Os estudantes pesquisados estão em uma faixa etária adulta entre 25 e 54 anos, devido a isso se poderia esperar que tivessem severas limitações em relação à utilização de dispositivos tecnológicos como celulares e computadores. Essa ideia é contrabalançada com o fato dos estudantes também serem professores e estudantes do curso de Informática, dessa maneira não foi surpresa observar que a maioria dos estudantes possuíam computador e smartphones, e alguns também possuíam tablets.

Além das questões anteriormente mencionadas, ainda temos o crescente crescimento do acesso a essas tecnologias por grande parte da população brasileira.

Os estudantes também possuem uma boa relação com a internet, uma grande parte afirmou usar a internet ente uma e duas horas por dia, outros até quatro horas por dia e alguns mais de quatro horas por dia.

Os seus interesses na internet são diversos, a maior parte acessa para ver seus e-mails, outros veem também redes sociais, sites e entretenimento, sites de informação e conteúdos educativos. Isso mostra que esses estudantes têm uma boa relação com os meios digitais.

Por outro lado, em relação aos jogos a maioria dos estudantes nunca jogaram ou jogam raramente. Dos que jogam, a maioria prefere jogos casuais, que naturalmente levam esses jogadores a passar apenas alguns minutos do dia jogando.

Dessa forma, podemos concluir que os estudantes participantes da aplicação da versão 2 do protótipo de papel apresentam um boa relação com os dispositivos tecnológicos, mas não estão familiarizados com os elementos comuns de jogos que foram utilizados em sala de aula, como pontuação, quadro de líderes e desafios.

Portanto isso é uma grande oportunidade de pesquisa, para identificar se os efeitos do engajamento são semelhantes em uma população com relação tão pequena com jogos. A conclusão possível após aplicação é que os elementos lúdicos tiveram grande efeito sobre o engajamento mesmo sobre uma população pouco íntima dos jogos eletrônicos.

Em relação às práticas dos estudantes, pela comparação entre os questionários aplicados antes e depois da aplicação, foram verificadas melhorias em diversas práticas como:

- estudar em casa os assuntos apresentados em sala;
- realizar atividades propostas pelo professor;
- entregar suas atividades dentro do prazo solicitado pelo professor;
- ter participação ativa nas discussões realizadas em sala de aula;
- gostar de trabalhar em equipe em sala de aula;
- questionar o professor quando tem alguma dúvida em relação ao conteúdo;
- considerar as atividades em sala de aula divertidas;
- desenvolver atividades extraclasse, não solicitadas pelo professor.

Essa análise indica um grande impacto na maioria das atividades relacionadas ao comportamento dos estudantes, comprovando o que já foi apontado por professores, estudantes e bibliografia: gamificação tem grande impacto no engajamento dos estudantes independentemente de idade ou formação.

Em relação aos métodos de ensino que eram mais utilizados pelos professores antes e depois da avaliação, os estudantes indicaram que o método de ensino foi o expositivo, antes e depois da aplicação da versão 2 do protótipo de papel. Já o instrumento de avaliação mais utilizado antes da aplicação da versão 2 do protótipo de papel era a prova. Posteriormente, os estudantes apontaram os trabalhos como sendo o mais utilizado. Isso pode indicar um impacto direto da gamificação no balanceamento da avaliação do estudante pelo professor, pelo favorecimento das atividades complementares.

Porém, esse dado pode também ter relação com as disciplinas em que a gamificação foi aplicada, pois estas são fortemente práticas. Desse modo, identifiquei indicação da melhoria no balanceamento da avaliação do estudante pelo professor, no entanto, são necessários mais estudos para confirmar essa relação direta.

Os estudantes também realizaram contribuições em relação à pesquisa, principalmente por meio de perguntas abertas. Muitos afirmaram que gamificação é interessante, torna os estudantes mais motivados e participativos.

Por outro lado, os estudantes sugeriram também que o êxito da gamificação depende da forma como o professor conduz a aplicação e reclamaram de distribuição injusta de Ludus e falta de controle na dinâmica de aplicação dos professores.

Isso indica a efetividade da gamificação e demonstra também que há muitos aspectos a serem pesquisados, entendidos e ajustados até que sua relação com a avaliação do professor seja entendida completamente.

A maioria dos estudantes, que também são professores, acharam interessante a aplicação de gamificação, também utilizariam em suas salas de aula como professores e gostariam de utilizar novamente como estudantes.

Essas afirmações demonstram a grande receptividade da aplicação de gamificação mesmo para estudantes que não são nativos digitais nem são familiarizados com jogos digitais. Alguns estudantes se veem limitados pelo contexto em que atuam ou pelas limitações de conhecimento para aplicar gamificação. Isso indica a necessidade de estudo e divulgação da gamificação aplicada a educação, visto que esses não são problemas que impediriam a utilização de gamificação, pois a aplicação pode ser adaptada ao contexto, necessitando apenas de maior conhecimento do aplicador.

A maioria dos estudantes se declararam satisfeitos em relação à forma como a gamificação foi aplicada, entregando os Ludus em mãos e sendo guardados e controlados pelo próprio estudante. A maioria não prefere que o professor faça o acompanhamento dos Ludus. Segundo o Professor 2, os estudantes se sentem mais seguros recebendo e controlando seus próprios Ludus. Isso indica a efetividade e a contribuição que esse processo vem trazer tanto para facilitar a aplicação de gamificação no contexto brasileiro, não sendo necessário o uso de internet na sala de aula, quanto a retirada de trabalho adicional que o professor geralmente tem ao realizar a gamificação, facilitando a aceitação e a aplicação a longo prazo pelos professores.

A maioria dos estudantes se declarou satisfeitos em relação aos Ludus criados pelo professor e também com a exibição do quadro de líderes no mural. Dessa forma considerei válida e eficiente a exibição em público apenas dos resultados dos líderes.

Em relação ao impacto da gamificação na melhoria da avaliação do estudante pelo professor, a maioria dos estudantes afirmaram que sim, houve impacto positivo na avaliação. Essa ratificação sugere que gamificação tem, sim, impacto, ainda que indireto, sobre a avaliação do professor, permitindo o melhor balanceamento desta pelo favorecimento da avaliação complementar.

No próximo capítulo analisarei as conclusões encontradas, faremos uma reflexão sobre as contribuições desta obra e discutiremos os trabalhos futuros.

DETALHES METODOLÓGICOS

Neste capítulo apresentamos o método de pesquisa adotado neste estudo. Inicialmente será descrito o quadro metodológico. Em seguida serão descritos os procedimentos de coleta de dados. Posteriormente apresentaremos os procedimentos de avaliação, as ameaças à validade, o contexto e participantes. Por fim apresentaremos a organização da condução da pesquisa. É importante ressaltar que a instanciação dos métodos utilizados é melhor detalhada no capítulo 4, que apresenta os detalhes do desenvolvimento da pesquisa.

7.0.1 Quanto à estratégia de pesquisa

Segundo Oliveira (2013), a construção do método de pesquisa pressupõe o estabelecimento de procedimentos teóricos e técnicos para intervir, analisar, conhecer a realidade e produzir novos conhecimentos.

À medida que os objetivos da pesquisa foram identificados, percebeu-se que havia diversas variáveis a serem controladas, desse modo mostrou-se mais interessante intervir de forma colaborativa com os professores em busca de alternativas e conclusões empíricas sobre os efeitos da gamificação no balanceamento da avaliação.

Dado o caráter de intervenção, optamos por utilizar pesquisa-ação como estratégia de pesquisa. A pesquisa-ação consiste em uma abordagem que pressupõe a investigação de um problema, a proposta de soluções e a aplicação destas, visando não apenas solucionar um problema, mas também criar teorias referentes à ação (COUGHLAN; COGHLAN, 2002).

A criação do termo pesquisa-ação é creditada ao pesquisador Lewin (1946), que a descreveu como uma forma de pesquisa sobre os efeitos ou resultados de várias ações cujo objetivo seria promover a mudança da própria condição social (NAIDITCHF, 2010).

De acordo com Baskerville (1999), a pesquisa-ação fundamenta-se na afirmação de que processos sociais complexos podem ser melhor estudados introduzindo-se mudanças e observando-se os efeitos destas no ambiente de aplicação. Baskerville (1999) ainda afirma que, por definição, a pesquisa-ação sempre envolve um grupo que inclui pesquisadores e sujeitos como coparticipantes na investigação e troca de experiências. A pesquisa-ação caracteriza-se por ser (COUGHLAN; COGHLAN, 2002):

- **Pesquisa em ação, em vez de pesquisa sobre a ação**, pois parte do princípio de que inicialmente a ação no contexto analisado ainda não existe e os que investigam o problema também pretendem resolvê-lo.
- **Participativa**, pois é necessário o envolvimento ativo tanto da instituição participante quanto do pesquisador.
- **Concorrente com a ação.** O conhecimento científico é gerado a partir da pesquisa sendo realizada em paralelo com a ação.
- **Resolução de problemas.** Gera soluções relevantes por ser realizada com um objetivo específico e com diversidade de colaboração.
- **Cíclica.** Por ser composta de fases iterativas que orientam a intervenção.

Para Thiollent (2007), a pesquisa-ação é um tipo de pesquisa social com base empírica que é concebida e realizada em estreita associação com uma ação ou com a resolução de um problema coletivo e no qual os pesquisadores e os participantes representativos da situação ou do problema estão envolvidos de modo cooperativo ou participativo.

Diante dos conceitos e características da pesquisa-ação, essa estratégia se adéqua ao estudo, uma vez que a intervenção foi realizada pelos pesquisadores em conjunto com professores da instituição na forma de atuação em sala de aula e em contrapartida recebemos as contribuições geradas pelas experiências e concepções de cada professor e também dos estudantes envolvidos, o que gerou resultados tanto práticos quanto teóricos.

7.1 Procedimentos de coleta de dados

Segundo Marconi e Lakatos (2010), procedimentos de coleta devem ser utilizados em conjunto, com o propósito de obter enfoques variados para o alcance do objetivo do estudo.

Nesta pesquisa, os procedimentos de coleta utilizados foram:

1. Entrevista semiestruturada;

2. Questionário;
3. Observação participante.

7.1.1 Entrevista semiestruturada

A entrevista pode ser classificada em diversos tipos, sendo os mais comuns as entrevistas estruturadas, as entrevistas não estruturadas ou informais e as entrevistas semiestruturadas (MARCONI; LAKATOS, 2010).

Nesta pesquisa foi adotada a técnica de entrevistas semiestruturadas, pois permite a elaboração de um roteiro com perguntas predefinidas passíveis de serem alteradas ou acrescentadas durante o diálogo com o professor. A abordagem semiestruturada foi escolhida por mostrar-se mais efetiva ao contexto, uma vez que a experiência e vivência prática dos professores poderiam trazer grandes contribuições para a pesquisa.

No período da versão 2 do experimento, foram aplicadas duas entrevistas semiestruturadas para os professores. A primeira anterior à aplicação, com o intuito de entender os métodos de ensino e de avaliação e de ajudar o professor a definir os elementos lúdicos que usaria em sala de aula durante o experimento.

7.1.2 Questionário

De acordo com Wainer (2007), o uso de questionários é um método bastante eficiente para coleta de dados, uma vez que utiliza variáveis objetivas com resultados numéricos. Para o autor, esses tipos de dados são mais ricos que as descrições verbais e, dessa forma, favorecem a comparação dos resultados por meio da manipulação estatística.

Na fase exploratória foi aplicado um questionário para determinar o perfil dos professores, seus métodos de ensino e avaliação.

No período da versão 2 do experimento, foram aplicados dois questionários para os estudantes. O primeiro anterior à aplicação, com o intuito de definir o perfil do estudante. O segundo questionário foi respondido posteriormente à aplicação do experimento, a fim de identificar as principais contribuições que o uso de gamificação trouxe principalmente em relação à avaliação da aprendizagem do estudante pelo professor.

7.1.3 Observação participante

De acordo com Marconi e Lakatos (2010), a observação consiste em uma técnica para a obtenção de determinados aspectos da realidade. Essa técnica é classificada de acordo com o tipo utilizado, com a participação do observador, com o número de observações e com o local da observação (MARCONI; LAKATOS, 2010).

Utilizamos observação participante não estruturada, uma vez que nós pesquisadores estávamos inseridos no contexto de pesquisa e um roteiro poderia restringir quais fatos deveriam ser observados. A observação foi realizada por dois pesquisadores, durante a aplicação dos experimentos.

7.2 Avaliação

O processo de avaliação é uma reflexão que o pesquisador desenvolve para examinar as consequências e os efeitos da ação ou intervenção, implementada para solucionar o problema inicial. A avaliação é necessária para poder determinar se houve melhora na situação (NAIDITCHF, 2010).

Para realizar a avaliação, foram analisados todos os dados coletados entre entrevistas, questionários e a observação. Com base nas entrevistas, foram feitas as transcrições das respostas e realizada a análise do discurso dos professores a fim de compreender o impacto da aplicação de gamificação. A partir das respostas dos questionários, foi realizada a tabulação das respostas e mensuração de frequência para identificar as tendências. A partir da observação não estruturada e documentação, foram realizadas inferências sobre o comportamento de estudantes e professores durante os experimentos.

Com base nessas análises, foi realizada uma reflexão sobre o impacto da aplicação de gamificação na avaliação do estudante pelo professor e na relação do professor com a turma.

7.3 Contexto

Para a realização da pesquisa, foi selecionado o IFPI nos campus Picos e Teresina Zona Sul. O IFPI é uma instituição de ensino com mais de 105 anos de fundação, e que sofreu grandes transformações nos seus objetivos após a sua criação, sendo a última a partir da lei n.º 11.892, de 29 de dezembro de 2008, quando ganhou o status de Instituição de Ensino

Superior, e desde então vem expandindo sua atuação para o interior, levando o desenvolvimento da Educação, Ciência e Tecnologia para regiões menos desenvolvidas por meio de campi avançados como o Campus Teresina Zona Sul e o Campus Picos (IFPI, 2015).

O Instituto Federal do Piauí é uma instituição de educação superior, básica e profissional, pluricurricular, multicampi e descentralizada, especializada na oferta de educação profissional e tecnológica nas diferentes modalidades de ensino, com base na conjugação de conhecimentos técnicos e tecnológicos com sua prática pedagógica (IFPI, 2015). A instituição atualmente possui dezessete campi no estado e em cada um deles atende à cidade onde está situada e à região em cursos de diversos níveis, desde o ensino médio integrado com técnico à pós-graduação, contando ainda com turmas de Educação de Jovens e Adultos (EJA), Programa Nacional de Acesso ao Ensino Técnico e Emprego (Pronatec) e Parfor.

Para a realização da pesquisa foi selecionado o IFPI Campus Picos e Campus Teresina Zona Sul tanto por uma maior facilidade de colaboração encontrada pelos pesquisadores para a obtenção de dados e abertura para intervenção quanto pela característica multicurricular, atendendo a ensino médio, técnico, superior e pós-graduação, e multicontextual, estando presente em regiões menos desenvolvidas, e por isso enfrentando problemas comuns a muitas escolas do Brasil, como a falta de internet nas salas de aula.

Esta pesquisa foi aplicada em conjunto com professores que atuam nesses diversos níveis, em turmas específicas do ensino médio integrado ao técnico de Informática do Campus Picos e turmas de primeira e segunda formação do curso de licenciatura em Informática do Parfor do Campus Teresina Zona Sul.

Na maioria dos cursos da instituição, é realizado processo seletivo para ingresso dos estudantes, sendo utilizado também o resultado do Sistema de Seleção Unificada (Sisu).

Na maioria das instituições brasileiras, as salas de aula são considerados locais inapropriados para o uso de internet ou dispositivos tecnológicos, tendo uso proibido em algumas escolas. Apesar de possuir uma ótima estrutura física e um bom nível de qualificação do quadro de professores, nos campi onde a pesquisa foi aplicada não há internet de qualidade na sala de aula para os professores e estudantes, e quando professores precisam utilizar métodos que necessitam dessas tecnologias, é necessário se deslocar para os laboratórios e utilizar computadores. Além disso, na instituição o uso de celular em sala é desaconselhado para estudantes e professores. A seguir, serão apresentados os participantes da pesquisa.

7.4 Participantes

O estudo foi realizado inicialmente em uma turma do ensino médio integrado com técnico de Informática com 38 estudantes, e posteriormente em três turmas de primeira e segunda licenciatura em Informática do Parfor com 57 estudantes. A faixa etária dos estudantes era de 16 a 54 anos e a pesquisa se desenvolveu em 5 disciplinas: Programação Corporativa, ofertada no terceiro ano do ensino médio integrado ao técnico de informática do Campus Picos, e nas disciplinas de Prática de Banco de Dados, Mídias Educativas e Educação de Jovens e Adultos, ofertadas na primeira e segunda licenciatura em Informática do Parfor. O período de aplicação foi de abril a julho de 2015. Os professores da disciplina são todos do quadro efetivo da instituição, sendo três especialistas, um mestre e um doutor.

A pesquisa foi coordenada por pesquisadores da Universidade Federal de Pernambuco (UFPE) e aplicada com colaboração de professores, alunos, coordenadores, pedagogos e da direção do IFPI. Os colaboradores não foram somente sujeitos que sofreram a intervenção, mas também como pesquisadores em educação que contribuíram para o desenvolvimento da pesquisa, como previsto em pesquisa-ação.

7.5 Conduzindo a pesquisa-ação

O planejamento da pesquisa-ação é muito flexível. Contrariamente a outros tipos de pesquisa, não se segue uma série de fases rigidamente ordenadas (THIOLLENT, 2007). A seções seguintes buscam apenas organizar o trabalho de forma compreensível ao leitor, não necessariamente determinando fases ou ordem cronológica da pesquisa.

7.5.1 Fase exploratória

Para Thiollent (2007), a fase exploratória consiste em descobrir o campo de pesquisa, os interessados e suas expectativas e estabelecer um primeiro levantamento da situação, dos problemas práticos que são relacionados com a constituição da equipe de pesquisadores e com a "cobertura" institucional.

Os primeiros levantamentos foram realizados utilizando observação simples; posteriormente, para entender melhor o contexto em relação ao posicionamento filosófico e à atuação prática dos professores como avaliadores de aprendizado, foi desenvolvido e aplicado um questionário para os professores da instituição.

Com os dados do questionário, foi possível estabelecer o ponto de partida para formular o problema.

7.5.2 Definição do problema

Para Thiollent (2007), em termos gerais, uma problemática pode ser considerada como a colocação dos problemas que se pretende resolver dentro de um certo campo teórico e prático.

Equilibrar a dificuldade da avaliação do estudante em relação às competências deste e ao conteúdo ministrado são problemas enfrentados pelos professores e geralmente resolvidos de forma empírica. A partir da revisão bibliográfica, percebemos que esses problemas são semelhantes ao problema do balanceamento de dificuldade que os desenvolvedores de jogos enfrentam para manter os jogadores engajados.

Diante disso, identificamos o problema do balanceamento da avaliação do estudante pelo professor como um problema semelhante ao balanceamento de dificuldade do jogador. Da mesma forma que os desenvolvedores de jogos fazem o balanceamento da dificuldade para engajar os jogadores, os professores precisam fazer esse balanceamento de dificuldade para manter o estudante totalmente imerso, com um sentimento de total envolvimento e sucesso no processo de aprendizagem.

7.5.3 Definição da hipótese

A pesquisa-ação opera a partir de determinadas instruções relativas ao modo de encarar os problemas identificados na situação investigada e relativas aos modos de ação. Essas instruções possuem um caráter bem menos rígido do que as hipóteses, porém desempenham uma função semelhante. Trata-se de definir problema de conhecimento ou de ação cujas possíveis soluções, em um primeiro momento, são consideradas como suposições (quase-hipóteses) e, num segundo momento, objeto de verificação, discriminação e comprovação em função de situações constatadas (THIOLLENT, 2007).

Uma hipótese é simplesmente definida como suposição formulada pelo pesquisador a respeito de possíveis soluções a um problema colocado na pesquisa, principalmente em nível observacional. No contexto que nos interessa, a formulação da hipótese não se dá necessariamente de forma causal, e sim para organizar a pesquisa em torno de possíveis conexões ou implicações não causais, mas suficientemente precisas para se estabelecer que X tem algo a ver com Y na situação considerada (THIOLLENT, 2007).

Foi identificado por meio de pesquisa bibliográfica que os desenvolvedores de jogos utilizam diversos elementos para realizar o balanceamento da dificuldade dos jogos para o jogador com efetivo sucesso. Também encontramos diversos trabalhos que demonstram a efetividade dos elementos de jogos aplicados em educação com o objetivo de engajar os estudantes. Por meio de resultados de revisão sistemática, identificamos os elementos de jogos mais utilizados em gamificação. A partir desse embasamento, elaboramos a hipótese de que a aplicação de gamificação no contexto educacional pode favorecer o instrumento de avaliação complementar e permitir o melhor balanceamento da avaliação do estudante pelo professor.

Após a definição da hipótese, foi realizado o planejamento da ação e coleta de dados. Para facilitar o entendimento do leitor, a seguir partiremos para especificar como a ação se desenvolveu e como os dados foram coletados em vários momentos do seu desenvolvimento.

8

APRENDIZADOS PARA O FUTURO

Nesta obra identifiquei o problema do balanceamento da avaliação da aprendizagem do estudante pelo professor como um fator de mudança da metodologia tradicional ou classificatória, ainda dominante na escola, para a metodologia emancipatória ou dinâmica, crescente no contexto brasileiro.

8.1 Resumo do aprendizado

Por meio de questionário identificamos como os professores do contexto selecionado desenvolvem o processo de ensino e avaliação. Dessa forma confirmamos que a prova continua sendo o principal instrumento de avaliação e que ela representa cerca de 80% do valor da nota atribuída ao estudante. Portanto, encontramos indícios que apontam que isso se deve em parte à confiabilidade dada à prova como instrumento de avaliação e em parte à dificuldade dos professores de acompanhar e mensurar os resultados de métodos e elementos complementares de avaliação.

Identificamos semelhanças na forma como os desenvolvedores de jogos trabalham a questão do balanceamento de dificuldade para manter os jogadores completamente focados utilizando diversos elementos. Fizemos uma relação entre o balanceamento de jogos e o balanceamento da avaliação, identificamos os principais elementos de jogos e como eles são utilizados em diversas áreas para engajamento. Realizamos uma contribuição inédita para gamificação ao identificar o problema do balanceamento da avaliação do estudante pelo professor e propor a análise do impacto de gamificação nesse problema.

Ainda, analisamos as ferramentas existentes para aplicação de gamificação e concluímos que estas não atendiam ao contexto brasileiro, pois dependiam de acesso à internet, e muitas escolas não possuem acesso à internet para os professores em sala de aula. Diante disso, pelo método pesquisa-ação, desenvolvemos e melhoramos procedimentos para aplicação de gamificação de maneira off-line em contexto semelhante à realidade brasileira em duas versões de protótipos de papel.

Aplicamos gamificação em diferentes salas de aula, com diferentes professores e estudantes e percebemos o engajamento deles no processo de ensino-aprendizagem. Isso foi possível a partir do estudo bibliográfico, em que foi realizado o levantamento dos elementos de jogos mais relevantes e de como estes poderiam ser aplicados. Conseguindo manter os estudantes em estado de fluxo, engajados no processo de ensino-aprendizagem devido às alterações promovidas na dinâmica e na estrutura do processo de ensino, dentro e fora da sala de aula com o uso dos principais elementos de jogos. Demostramos, assim, que a gamificação foi realizada com êxito por meio dos protótipos de papel.

A partir da pesquisa-ação e principalmente com a aplicação da segunda versão do protótipo de papel, encontramos fortes indícios de que a aplicação de gamificação tem impacto positivo indireto na avaliação do estudante pelo professor, e pode contribuir positivamente para o balanceamento da avaliação se os elementos forem totalmente alinhados com os objetivos da disciplina e se for aplicada adequadamente pelo professor.

8.2 Contribuições

Além disso, podemos validar as soluções encontradas para a aplicação eficiente de gamificação no contexto brasileiro, sem acesso à internet em sala de aula, em um processo que ainda transfere parte das atividades de gamificação do professor para o estudante, evitando que o professor fique sobrecarregado e não utilize ou interrompa a utilização de gamificação. Esses processos são:

- **Ludus de papel e contabilização fora da sala de aula**: consiste na entrega dos elementos lúdicos definidos pelo professor de forma física ao estudante, no formato de pequenas fichas de papel, quando o professor identificar um comportamento a ser incentivado. E ainda na contabilização desses elementos lúdicos fora de sala de aula, posteriormente, em terminal na saída da instituição.

- **Quadro de líderes**: consiste na divulgação pública apenas dos líderes da gamificação.

A partir do Ludus de papel, identificamos que o estudante prefere e se sente mais seguro tendo *feedback* imediato e ao ter o controle sobre seus próprios Ludus de papel do que deixar esse controle inteiramente com o professor. Identificamos também um aumento de autonomia e liberdade dos estudantes ao receberem ou não os Ludus de papel em sala de aula e ao acompanharem o quadro de líderes. O quadro de líderes foi apontado como principal elemento de motivação e compreensão do processo de gamificação.

Em relação aos estudantes participantes, constatamos que a gamificação tem o efeito positivo de engajamento sobre estudantes adultos, que não são nativos digitais e não têm familiaridade com jogos. Também foi possível verificar que o sucesso da gamificação depende, em grande parte, da forma como o professor conduz o processo, necessitando de mais estudos para compreender a relação entre as metodologias utilizadas pelo professor em sala de aula e a efetividade da gamificação.

8.3 Conclusão

Esta obra contribui para a pesquisa de gamificação levantando a discussão acerca do impacto da gamificação sobre a avaliação do professor e trazendo as observações iniciais sobre essa relação. Contribui para o estudo da avaliação da aprendizagem levantando o problema do balanceamento da avaliação da aprendizagem do estudante pelo professor e aplicando a gamificação como fator impactante. Contribui para os frameworks e ferramentas de gamificação definindo alternativas para o problema de aplicar gamificação de maneira off-line e por fim contribui para a aplicação de gamificação em educação definindo alternativas mais eficientes de aplicação de gamificação pelo professor e demonstrando que adultos não nativos digitais e não familiarizado com jogos podem ser engajados com sucesso, desde que o professor saiba conduzir o processo.

Com isso, acreditamos que a educação em todos os níveis necessita e pode ser inovadora, transformadora e desafiadora. A educação não é uma prática simples e os agentes de sua aplicação e desenvolvimento, principalmente professores, devem buscar formas mais eficientes e métodos mais eficazes para sua aplicação. Os métodos tradicionais são mais simples por estarmos acostumados a repeti-los em diversos níveis e fases de nossa vida educacional e portanto termos dificuldade de romper o ciclo da simples repetição de experiências; eles parecem dar resultados mais palpáveis, no entanto são tão morosos que não conseguimos perceber o quão prejudiciais são ao processo de ensino-aprendizagem.

Mesmo sem a implementação de um sistema automático, mas com o uso de estratégias e processos inovadores, conseguimos demonstrar neste trabalho que é possível inovar em sala de aula e engajar os alunos no processo de ensino-aprendizagem impactando inclusive a avaliação da aprendizagem do estudante pelo professor. Isso demonstra a importância e a riqueza de possibilidades que existem em inovar em educação.

Para nós, a avaliação deve ser dinâmica, por meio de um processo contínuo que acontece diariamente e a todo instante em sala de aula e fora dela. Os professores devem buscar meios de acompanhar mais de perto o desenvolvimento dos estudantes e propor sempre atividades que desenvolvam continuamente suas habilidades. Com as tecnologias da informação e inovação, os professores podem realizar esse acompanhamento e favorecer a avaliação pela perspectiva dinâmica focada nas atividades que os estudantes devem realizar para alcançar o conhecimento e as habilidades esperadas de uma determinada disciplina.

É importante destacar que grande parte dos pesquisadores e profissionais em educação buscam, criam e estudam ferramentas, processos e métodos para avaliar o aprendizado dos estudantes a partir do conteúdo, ou seja, medir o quanto do conteúdo os estudantes conseguiram absorver durante o processo de ensino-aprendizagem. Porém, esta obra buscou, estudou e criou ferramentas, processos e métodos para incentivar e medir o quanto os estudantes são aderentes às atividades propostas e às atitudes esperadas pelo professor. Para tanto, tomamos como fundamento a percepção de que, caso o estudante realize as atividades propostas pelo professor e alcance as habilidades esperadas para a disciplina, esse estudante teve sucesso no processo de aprendizagem.

O sistema que foi criado por meio deste trabalho aplicando gamificação demonstrou engajar os estudantes nas atividades realizadas em sala de aula, permitir ao professor acompanhar e avaliar de forma mais eficiente as atitudes e habilidades desenvolvidas pelos estudantes durante o processo de ensino-aprendizagem, favorecer o melhor balanceamento da avaliação da aprendizagem do estudante pelo professor, tornando o processo mais desafiador, e aumentar a autonomia do estudante. Esses aspectos podem ser encontrados como indicações para os professores desenvolverem nos estudantes as competências para o século 21 (PORVIR, 2012).

Portanto, mesmo que ainda necessite de mais pesquisas, podemos afirmar que gamificação pode, sim, ajudar a superar o problema do balanceamento da avaliação do estudante pelo professor, pois criamos outra forma de avaliar, que tem a ver com gamificação, usada para aderir à avaliação dinâmica ou emancipatória, que embora não tenha mudado o processo de ensino-aprendizagem mudou elementos desse processo que podem ser provocadores da mudança da avaliação. Essa nova forma é interessante para ser aplicada pelos professores, pois não muda radicalmente a forma como estes trabalham o processo de ensino-aprendizagem em sala de aula, mas permite que o professor vislumbre a possibilidade de mudar a perspectiva da avaliação. Apesar de serem necessários mais estudos, acreditamos que essa forma de avaliação é flexível e pode ser aplicada e adaptada para qualquer disciplina e contexto, trazendo resultados iguais ou superiores aos encontrados neste trabalho.

8.4 Trabalhos futuros

O desenvolvimento desta obra abriu a discussão sobre o uso de gamificação para favorecer atividades complementares de avaliação e permitir o balanceamento da avaliação da aprendizagem do estudante pelo professor. Porém muitos desafios se apresentaram durante o desenvolvimento e se colocam como oportunidades de maiores estudos e maior aprofundamento.

Desafios esses que podem ser explorados em pesquisas a partir de uma nova perspectiva da aplicação de elementos de jogos à educação. Nessa perspectiva os elementos podem ser adaptados ao processo tradicional do professor a fim de causar menor impacto e maior reflexão, podendo ser utilizados em salas de aula comuns ao cenário encontrado nas escolas públicas brasileiras, demonstrando ser possível inovar em educação sempre, em qualquer contexto. Nesse sentido, podemos apontar como trabalhos futuros:

- **Automatização.** Automatizar parte do processo de gamificação utilizando os aspectos que permitem aplicar no contexto brasileiro de maneira off-line. Esta obra é importante para permitir a escalabilidade da aplicação de gamificação, ou seja, permitir que mais pessoas e instituições consigam aplicar gamificação de uma forma acessível, rápida e flexível.

- **Alinhamento de objetivos.** Realizar melhor aproximação dos objetivos e atividades da disciplina em relação aos Ludus e da nota em relação aos pontos dos Ludus. A fim de identificar se esse alinhamento aumenta a utilização da gamificação como elemento avaliativo e o impacto no balanceamento da avaliação. Pode-se especificar procedimentos para a aplicação da gamificação especificamente em relação ao treinamento dos professores, para que eles mesmos consigam realizar esse alinhamento.

- **Balanceamento dos pontos.** Análise do impacto do balanceamento dos pontos na utilização da gamificação como elemento complementar de avaliação do estudante pelo professor. A fim de identificar se esse balanceamento provoca maior impacto no balanceamento da avaliação.
- **Método de ensino.** Análise do método de ensino do professor antes e durante a aplicação de gamificação para analisar se o método do professor sofre impacto da gamificação ou a gamificação sofre impacto do método do professor, ou seja, entender se a gamificação tem maior impacto quando aplicada por professores que avaliam pela perspectiva dinâmica, ou se tornam mais dinâmica a avaliação de um professor que segue a perspectiva tradicional.
- **Repetição da aplicação.** Repetir o experimento em diversas turmas para colher dados mais consistentes em relação ao impacto da gamificação. Especialmente com professores e estudantes de diferentes níveis de ensino, como ensino fundamental, ensino médio e ensino infantil.
- **Aplicação em tempo prolongado.** Analisar se há alteração do impacto de gamificação em aplicações com tempo prolongado. Diversos trabalhos apontam para o caráter de novidade da gamificação, caráter esse que pode sofrer alterações com o passar do tempo. É importante portanto entender se a aplicação de gamificação pode perder seu impacto ao se tornar parte do cotidiano escolar do estudante e do professor.

REFERÊNCIAS

ALMEIDA, P. N. **Educação lúdica**: técnicas e jogos pedagógicos. São Paulo: Loyola, 2003.

ANTUNES, C. **Avaliação da aprendizagem escolar**: fascículo 11. Petrópolis: Vozes, 2010.

ARIÈS, P. **História Social da Criança e da Família**. Rio de Janeiro: LTC, 1981.

BADGEVILLE.COM. **BADGEVILLE**. 2015. Disponível em: https://badgeville.com/. Acesso em: 30 jul. 2015.

BASKERVILLE, R. L. Investigating information systems with action research. **Communications of the AIS**, [s. l.], v. 2, n. 3es, p. 4, 1999.

BATISTA, S. M. M. **Práticas avaliativas dinâmicas**: sentidos e significados compartilhados com professores de direito. 2013. Dissertação (Mestrado em Educação) – Universidade Federal do Piauí, Teresina, 2013.

BENJAMIN, W. **Reflexões sobre a criança, o brinquedo e a educação**. São Paulo: [s. n.], 2002.

BORGES, S. d. S. *et al*. A systematic mapping on gamification applied to education. **Proceedings of the 29th Annual ACM Symposium on Applied Computing - SAC '14**, [s. l.], n.Icmc, p. 216-222, 2014.

BRANDÃO, C. R. **O que é educação?** Rio de Janeiro: Brasiliense, 1981. (Col. Primeiros Passos)

BROUGÈRE, G. **Brinquedos e Companhia**. São Paulo: Cortez, 2004.

BUNCHBALL.COM. **Gamification 101**: an introduction to the use of game dynamics to influence behavior. 2015. Disponível em: http://www.bunchball.com/sites/ default/files/downloads/gamification101.pdf. Acesso em: 30 jul. 2015.

BURKE, B. **Gamification 2020**: what is the future of gamification? 2012.

CALLAHAN, R.; WILKINSON, L.; MULLER, C. Academic achievement and course taking among language minority youth in US schools: effects of esl placement. **Educational Evaluation and Policy Analysis**, [s. l.], v. 32, n. 1, p. 84-117, 2010.

CLARO, M. **Badges no Moodle – Gamification**. 2015. Disponível em: http://www.moodlelivre.com.br/tutoriais-e-dicas-moodle/badges-no-moodle-gamification/itemid-161.html. Acesso em: 30 jul. 2015.

CLASSBADGGES. **The free and easy way to award badges to students for all learning experiences**. Disponível em: http://ClassBadges.com/. Acesso em: 30 jul. 2015.

CLASSDOJO. **What is ClassDojo?** Disponível em: http://www.ClassDojo.com/about. Acesso em: 30 jul. 2015.

CLOUDCAPTIVE.COM. Disponível em: http://www.cloudcaptive.com/. Acesso em: 30 jul. 2015.

COUGHLAN, P.; COGHLAN, D. Action research for operations management. **International journal of operations & production management**, [s. l.], v. 22, n. 2, p. 220-240, 2002.

CSIKSZENTMIHALYI, M. **Finding Flow**: the psychology of engagement with everyday life. [s. l.]: Basic Books, 2007.

DEMO, P. **Mitologias da Avaliação**: de como ignorar, em vez de enfrentar problemas. São Paulo: Autores Associados, 2002.

DETERDING, S. *et al.* From game design elements to gamefulness: defining gamification. *In*: INTERNATIONAL ACADEMIC MINDTREK CONFERENCE: ENVISIONING FUTURE MEDIA ENVIRONMENTS, 15. **Proceedings** […]. [s. l.: s. n.], 2011. p. 9-15.

DICHEVA, D. *et al.* Gamification in Education: a systematic mapping study. **Educational Technology & Society**, [s. l.], 2015.

DOCKRELL, J.; MCSHANE, J. **Crianças com dificuldades de aprendizagem**: uma abordagem cognitiva. Porto Alegre: Artmed, 2000.

ESA, E. S. A. **Essential facts about the computer and videogames industry**. 2014.

FARIAS, D. L. de. **Avaliação de aprendizagem de agentes baseados em sistemas classificadores para jogos digitais**. 2014. Dissertação (Mestrado em Ciência da Computação) – Cin/UFPE, Recife, 2014.

FIDUP.COM. Disponível em: https://www.fidup.com/. Acesso em: 30 jul. 2015.

FLEURY, A. C. C.; NAKANO, D. N. **Mapeamento da Indústria Brasileira e Global de Jogos Digitais**. Santa Catarina: USC, 2014.

FREIRE, P. **Pedagogia do Oprimido**. São Paulo: Paz e Terra, 1974.

FREIRE, P. **Pedagogia da autonomia**: saberes necessários à prática pedagógica. São Paulo: Paz e Terra, 1996. 165p.

G1 PE. **Mercado de games movimenta R$ 44 milhões e deve crescer em 2015**. [s. l.], 2015. Disponível em: https://g1.globo.com/pernambuco/noticia/2015/02/mercado-de-games-movimenta-r-44-mi-em-pe-e-quer-crescer-em-2015.html. Acesso em: 30 jul. 2015.

GAMIFICATION WIKI. Disponível em: http://gamification.org/wiki/Gamification. Acesso em: 30 jul. 2015.

HAIDT, R. C. C. **O lúdico na formação do Educador**. São Paulo: Ática, 2003. n. 7.

HAMARI, J.; KOIVISTO, J.; SARSA, H. Does gamification work? – a literature review of empirical studies on gamification. *In*: SYSTEM SCIENCES (HICSS), 2014 47TH HAWAII INTERNATIONAL CONFERENCE ON. **Anais** […]. [s. l.: s. n.], 2014. p. 3025-3034.

HOFFMANN, J. M. L. **Avaliação**: mito & desafio: uma perspectiva construtivista. Porto Alegre: Mediação Editora, 2009.

HOFFMANN, J. M. L. **Avaliar**: respeitar primeiro, educar depois. Porto Alegre: Mediação Editora, 2010.

HOFFMANN, J. M. L. **Avaliação e Educação Infantil**: um olhar sensível e reflexível sobre a criança. Porto Alegre: Mediação Editora, 2014.

HOPPE, L.; KROEF, A. M. S. Educação Lúdica no Cenário do Ensino Superior. **Revista Veras**, São Paulo, v. 4, n. 2, p. 164-181, jul./dez. 2014.

HUIZINGA, J. H. L. **O jogo como elemento da cultura**. 4. ed. São Paulo: Perspectiva, 1993.

IBGE. Disponível em: http://seriesestatisticas.ibge.gov.br/ series.aspx?t=abandono-escolar&vcodigo=M15. Acesso em: 30 jul. 2015.

IFPI. **Apresentação**. Disponível em: http://www5.ifpi.edu.br/index. php?option=-com_content&view=article&id=21&catid=10. Acesso em: 30 jul. 2015.

INSTITUTE of Play. Disponível em: http://www.instituteofplay.org/about/. Acesso em: 30 jul. 2015.

KAPP, K. M. **The gamification of learning and instruction**: game-based methods and strategies for training and education. [*s. l.*]: John Wiley and Sons, 2012.

LEWIN, K. Action research and minority problems. **Journal of social issues**, [*s. l.*], v. 2, n. 4, p. 34-46, 1946.

LISTLY. **Gamification Platforms games**. Disponível em: http://list.ly/list/Svgamification-platforms-games. Acesso em: 30 jul. 2015.

LUCKESI, C. C. **Avaliação da aprendizagem escolar**: estudos e proposições. São Paulo: Cortez, 2006.

MARCONI, M. de A.; LAKATOS, E. M. Fundamentos de metodologia científica. *In*: **30 Fundamentos de metodologia científica**. São Paulo: Atlas, 2010.

MCGONIGAL, J. **Reality is broken**: why games make us better and how they can change the world. Londres: Penguin, 2011.

DOULINGO. Disponível em: https://pt.duolingo.com/. Acesso em: 30 jul. 2015.

MEIER, M. **Mediação da aprendizagem**: contribuições de Feuerstein e de Vygotsky. Curitiba: Editora do autor, 2007.

MIZUKAMI, M. d. G. **Ensino**: as abordagens do processo. São Paulo: EPU, 1986.

MOODLE.ORG. **About Moodle**. Disponível em: https://docs.moodle.org/29/en/About_Moodle. Acesso em: 30 jul. 2015.

MY Cyber Doctor. Disponível em: http://www.mycyberdoctor.com/. Acesso em: 30 jul. 2015.

NAIDITCHF, F. **Pesquisa-ação**. Belo Horizonte: UFMG/Faculdade de Educação, 2010. Disponível em: http://www.gestrado.org/pdf/314.pdf. Acesso em: 30 jul. 2015.

NEUMANN, J. V.; MORGENSTERN, O. **Teory of Games and Economical Behavior**. Pricenton: Pricenton University Press, 1944.

OLIVEIRA, E. de *et al*. O Lúdico na Educação de Jovens e Adultos. *In*: COLE – CONGRESSO DE LEITURA DO BRASIL, 16. **Anais** [...]. [*s. l.: s. n.*], 2007.

OLIVEIRA, M. M. de. Como fazer pesquisa qualitativa. *In*: **30 Como fazer pesquisa qualitativa**. Petrópolis: Vozes, 2013.

OLIVEIRA, V. da S. M. **Os jogos e brincadeiras na Educação Primária de Teresina [manuscrito]**: história e memória (1930-1961). 2014. Dissertação (Mestrado em Ciência da Computação) — Universidade Federal do Piauí.

OPENBADGES. **An open-access image creator from MyKnowledgeMap to support all of your Open Badge building needs**. Disponível em: https://www.openbadges.me/. Acesso em: 30 jul. 2015.

PIAGET, J.; FIÚZA, R. **A representação do mundo na criança**. [s. l.: s. n.], 1975.

PORVIR. **Conheça as competências para o século 21**. Disponível em: http://porvir.org/conheca-competencias-para-seculo-21. Acesso em: 30 set. 2015.

PUBLICIDADE Bradesco. Disponível em: https://www.youtube.com/watch?v=-jnxZh2Ff4hQ. Acesso em: 30 jul. 2015.

REEVES, B.; READ, J. L. **Total engagement**: how games and virtual worlds are changing the way people work and businesses compete. [s. l.]: Harvard Business Press, 2013.

SALEN, K.; ZIMMERMANN, E. **Regras do jogo**: fundamentos do design de jogo. São Paulo: Blucher, 2012.

SANTANNA, A.; NASCIMENTO, P. A história do lúdico na educação. The history of playful in education. **Revista Eletrônica de Educação Matemática**, [s. l.], v. 6, n. 2, p. 19-36, 2012.

SANTOS, A. L. C. dos. **Didática**. Rio de Janeiro: Fundação CECIERJ, 2010.

SANTOS, M. P. dos. **O lúdico na formação do Educador**. Petrópolis: Vozes, 1997. n. 6.

SAUL, A. M.; BICUDO, V. M. A.; SILVA JUNIOR, C. A. O. **Formação do educador e avaliação educacional**: conferências, mesas-redondas. São Paulo: Editora UNESP, 1999. v. 1, p. 67-77.

SCHELL, J. **A arte de game design**: o livro original. Rio de Janeiro: Elsevier, 2011.

SEIXAS, L. da R. **A efetividade de mecânicas de gamificação sobre o engajamento de alunos do ensino fundamental**. Dissertação (Mestrado em Ciência da Computação) – Cin/UFPE, Recife, 2014.

SIMÕES, J.; REDONDO, R. D.; VILAS, A. F. A social gamification framework for a K-6 learning platform. **Computers in Human Behavior**, [s. l.], v. 29, n. 2, p. 345-353, 2013.

SOUSA BORGES, S. de *et al*. A systematic mapping on gamification applied to education. *In*: ANNUAL ACM SYMPOSIUM ON APPLIED COMPUTING, 29. **Proceedings** [...]. [s. l.: s. n.], 2014. p. 216-222.

SOUSA, J. R. de B. **Práticas Avaliativas de elaboração de testes, especialmente de questões dissertações, utilizadas pelos professores do curso de Pedagogia da FAP/Teresina e os sentidos enunciados de Enade**. Dissertação (Mestrado em Ciência da Computação) – Centro de Ciências da Educação, Universidade Federal do Piauí, Teresina, 2012.

SUPER Better. Disponível em: https://www.superbetter.com/. Acesso em: 30 jul. 2015.

SWORKIT. Disponível em: http://sworkit.com/. Acesso em: 30 jul. 2015.

THIOLLENT, M. **Metodologia da pesquisa-ação**. São Paulo: Cortez, 2007.

TIM Beta. Disponível em: http://www.timbeta.com.br/timbeta/home. Acesso em: 30 jul. 2015.

VYGOTSKY, L. S. **Interação entre aprendizado e desenvolvimento**. [s. l.], 1984.

WAINER, J. Métodos de pesquisa quantitativa e qualitativa para a Ciência da Computação. *In*: KOWALTOWSKI, T.; BREITMAN, K. (org.). **Atualização em Informática**. Rio de Janeiro: Ed. PUC-Rio, 2007.

WINNICOTT, D. W. **O brincar & a realidade**. Rio de Janeiro: Imago, 1975.

XU, Y. Literature Review on Web Application Gamification and Analytics. **Honolulu, HI**, [s. l.], August 2011.

ZICHERMANN, G.; CUNNINGHAM, C. **Gamification by design**: implementing game mechanics in web and mobile apps. [s. l.]: O'Reilly Media, 2011.

ZICHERMANN, G.; LINDER, J. **Game-based marketing**: inspire customer loyalty through rewards, challenges, and contests. [s. l.]: John Wiley & Sons, 2010.